JN198427

越高綾乃

海外児童文学をめぐる冒険

手渡していく「読書のよろこび」

かもがわ出版

はじめに

子どものころの私にとって、絵本や物語を作り出せる「作家」という人たちは、実在する人ではないような……まるで彼ら自身が物語のなかの登場人物であるかのような、現実味のない存在でした。

幼く無邪気だったころは、現実と物語の世界の境界線の認識が曖昧で、私にもある日、なにか不思議なことが起こるかもしれない、そうなったら、その経験をおはなしにできるのかなと思っていたこともありましたが……大きくなるにつれて、読むことと書くことはどうやらまったくちがうものだというのもわかってきました。また、素晴らしい本をたくさん読んできたからこそ、自分が同じような絵本や物語を作る人になれるとは到底思えませんでした。絵本や物語を編みだす作家への尊敬をこじらせた結果、「作家」という人たちを雲の上の存在のように思っていました。

大好きな物語に出てくる登場人物たちのなかにも、本を読むことが好きな子（たとえば『若草物語』のジョーや、『赤毛のアン』のアンなど）がいて、私はたいていの場合、主役であろうと脇役であろうと、そんな子たちに感情移入して物語を読んでいました。彼らは、たいてい自分で物語や詩を創作して、悔しい思いや恥ずかしい思いをしながらも作家を夢見ています。その姿に自分を重ねてしまい、私自身も物語のなかで文章を書くことの難しさを体験したような気になってしまったのかもしれません。

最初から志してすらいなかったので、諦めていたというのとは少しちがうのですが、私がこれまで読んできた大好きな絵本や物語を紡ぎだせる人は、特別な才能を持っている人だと勝手に思い込んでいました。手紙や作文など、文章を書くのは好きでまったく苦ではなかったですし、お気に入りのおはなしをもとに勝手に細かい設定や、続きを考えたりすることは大好きだったのに、不思議と自分でおはなしを書きたい、書けるかもしれないと思ったことはありませんでした。それくらい、私にとって「読む側」と「作る側」には大きなちがいがあり、作家というのは異次元の人でした。

その認識を変えてくれたのは、両親を含めまわりにいる本好きの大人たちでした。そのなかでも最も影響を受けたのは、私の憧れの人でもある児童文学研究家で翻訳者でもある吉田新一さんだと思います。吉田新一さんのお話をはじめて聴いたとき、私のなかで絵本や物語の新しい扉が開きました。

おはなしを読み解いてく過程で、その本を作った作家の人柄や、作品を作った経緯、どんな作品に影響を受けているのかなどを教えてもらうと、自然と作家自身にも興味がわきましたし、親しみを感じさえするようになりました。本の向こう側にいる作者や本を作るのにかかわった人など、その作品がどのように作られたのかを知ることによって、読書の楽しさがさらにひろがったのです。それは、「ナルニア国物語」で、子どもたちが衣装だんすの奥にひろがるナルニア国を見つけたような感覚に似ています。私の知っていたおはなしの世界のその奥に、もうひとつ別の世界がひろがっていたことに気がついたときのゾクゾクワクワクした興奮は忘れられません。

それに、吉田さんのお話を聴いているうちに、個々に存在していると思っていた絵本や物語、それぞれの距離が埋められていき、ひとつの大きな世界としてつながっていることを感じ、まるで未完成の大きな世界地図を手に入れたような気持ちになりました。そして、その地図を埋めるために、もういちど物語の世界へ冒険に出かけていこうという意欲がわきました。

そして、その冒険はまだ続いています。いまでも私は子どもの本の世界にかかわりながら生活しています。読者・出版社・書店……いろいろな立場からも子どもの本の世界にかかわってみて思うのは、やっぱり私は子どもの本が好きだということ。いろいろな葛藤もありましたが、「やっぱり私はこの世界が好きなんだなぁ」と観念して開き直ったら、なんだか心が軽くなりました。そして、変に身構えなくなったら自然と自分をとりまく環境も人間関係も変わっていることを感じます。

そんななかでも、とりわけ大きな変化がふたつあります。

ひとつは、大人になってから児童文学や絵本のことを話せる友人、知人ができたこと。大人になり、ひとつひとつの作品に没頭するような読書体験をする機会は、残念ながら子どものころより減ってしまいましたが、これまで読んできた作品や、最近読んだ作品について、ほかの人と意見を交わしたり、感想を言い合う機会は格段に増えました。人との交流のなかで、自分の好みや読み方のクセがわかったり、新しい作品に出会うことができたり、すでに読んでいた作品の新しい面に気がつくことができたり。また、友人、知人の好きな本の傾向から、その人の意外な一面を知ることができることもあります。本をきっかけに交友関係がひろがったり、深まったり……本がコミュニケーションのツールのひとつになることがあるんだなということを、年々実感しているところです。

そしてもうひとつの変化は、こうして自分が大好きな絵本や児童文学のことを、文章でほかの人に発信する機会を得たことです。ただの趣味というだけではなく仕事として出版社や書店という、本が流通・販売される現場に身を置くとこれまでとはちがう視点を持つことができ、少しずつ意識が変わりました。このままでは、私の大好きな絵本や物語を読まれる機会……それ以前に手にとる機会がなくなってしまうのではないかという危機感を抱いたのです。そうならないためにも、絵本や児童文学の楽しさを、もっと多くの人にも知ってもらいたいと考えるようになりました。そのためになにをすればいいのか、なにができるのか、現在進行形でもがいています。研究者や教育者というわけではないので、本を読むことでどんな素晴らしい効果があるかとか、どんなことに役に立つのかということを論じたり、説明することはできません。それでも、本を読むことがどんなに楽しいか、どんなふうに本を楽しんできたかという自分の体験を伝えるというのは、私にもできることだなと思っています。

この本で、私が体験した物語のもう一つの扉を開く楽しさが、少しでも伝わりますように。

越高綾乃

海外児童文学をめぐる冒険——手渡していく「読書のよろこび」

もくじ

本を子どもに手渡すということ

装画　ハバメグミ
装幀　土屋みづほ

I

魔法をかけられたときのこと

—吉田新一さんとの出会い—

　私が吉田新一さんのお話をはじめて聴いたのは、小学校5年生のころでした。このときの体験が、私が大人になってもずっと、こうして子どもの本の周辺にいることのきっかけのひとつになっています。いま振り返ってみると、私の読書人生において大きなターニングポイントになる出会いだったと感じています。

　私の両親は子どもの本の専門店をしています。いちばん身近にいる大人が本——とくに絵本や児童書が好きで、それを仕事にしている人たちだったため、私にとって

は、幼いころから本が身近にあることが当たり前でした。

小さいころは、そんな自分の環境が特別だとか、ありがたいと思ったことは、ほとんどありませんでした。それよりも、キャラクターもののグッズを持っていたり、アニメをたくさん見ている友人たちの方が、はるかにうらやましかったくらいです。

私にとっての絵本や物語は、いちばん身近にいる遊び相手のような存在でしたが、まわりのみんなも同じというわけではないということは、大きくなるにつれ少しずつわかってきました。

自分はどんなに好きでおもしろいと思っている本であっても、友だちとその楽しさを共有することは難しいなと感じるような経験をいくつも重ねていくうちに、いつの間にか気がついたら「本を好きな自分」に少し自信が持てなくなっていました。

小学校に入ってすぐのころ、休み時間に読みかけの本の続きがどうしても気になって、自分の席で本を読んでいたところ、先生に遠まわしに「休み時間に友だちと遊ばないで、1人で本を読んでいるのはクラスになじめていないからなのでは」と心配されたことがありました。私にとっては休み時間に本を読むことは、外で友だちと遊ぶのとなにも変わらない楽しみのひとつなのに、そんなふうに心配されることなんだということに驚きましたし、ちょっぴり傷つきました。

また、「本が好き」と言うこと＝「勉強が好き、国語が得意」と思われたり、両親の職業を知ると「ああ、それなら本が好きなのは当たり前だよね」と言われたりすることが増えて、そういうことになんともいえない居心地の悪さを感じるようになりました。

本の話をしなくても、ほかにも楽しいことはたくさんあったので、友だちの前で自分が読んでいる本の話をすることは少しずつ減っていきました。他人と共有する楽しさはなくても、否定をされることもない方が気が楽だったのです。

そうやってうまれた、自分だけの世界で本と向き合える時間が、私がどっぷりと物語の世界へ入り込める要素のひとつだったのかもしれないな、といまは思っていますが……そのころの自分は、「本の好きな自分」をどこか持て余していたような気がします。

そんなときに、吉田さんが講師の児童文学講座に、両親に連れられて私も行くことになりました。「つまらなくなったら、本を読んでいればいいから」などと言われて、誰がどんなことを話す会なのかもわからないままに、参加者の大人たちのなかで、居心地悪く会場のすみっこに座っていた記憶があります。

事前に「綾乃も知っている本の話を、たくさんしてくれる人が来るんだよ」とは聞かされていたので、おはなしのなかに出てくる魔法使いのような人かな？　とか、アーティストっぽいふうがわりな人がくるのかな？　とか、勝手にいろいろと想像していました。しかし、会場にあらわれた吉田新一さんは、眼鏡をかけてきちんとスーツを着ている、いたって真面目そうな「ふつう」の大人で……正直に言うととくにおもしろいことが起きる予感はしませんでした。

講座がはじまり、最初のうちはまわりの大人たちの真似をして席について、なんとなくお話を聴いていたのですが……途中から「ピーターラビット」や「りすのナトキン」という、私にとってなじみのある単語がいくつか聴こえてきて、気がついたらいつの間にか、吉田さんのお話のなかに引き込まれていました。さすがに、そのときの内容の詳細まではっきり思い出せませんが、自分にとっておなじみの本のなかに、まだ知らなかった世界がひろがっていることを知り、なんだかとてもワクワクしたことはおぼえています。一見「ふつう」の真面目そうな大人が、とっても楽しそうにいきいきと、絵本について事細かにお話しされるということにも衝撃を受けました。

そのとき吉田さんが取り上げていた『ピーターラビットのおはなし』は、小さいころから何度も両親に読んでもらっているお気に入りの絵本です。くり返し読んでもらっていたおかげで、1冊分まるっと暗記してしまい、文字は読めないのに絵を見ながら文章をそらで言えたほど……。自分で文字が読めるようになってからも変わらずに好きな本でもありました。

残念ながら同年代のお友だちとは、ピーターラビットの話をしたことはほとんどなくて（もしかしたら読んでいた人もいたかもしれませんが）、『ピーターラビットのおはなし』は私にとっては、自分と家族、身近な人たちだけと共有できる、とても小さな世界のおはなしでもありました。

ところが、この講座では、おはなしのイラストと実際に舞台になった場所の写真を並べて見せてくれたり、シリーズのなかのおはなしの関連性を解説してくれたり……一気に『ピーターラビットのおはなし』の世界がひろがったように感じました。

すみからすみまで読んでいたつもりの小さな絵本のなかに、私がまだ知らなかったことがこんなにあるなんて!! 吉田さんのお話を聴いていると、私の読んできた『ピーターラビットのおはなし』の奥行きがひろがっていくようで、同じ絵本から新しいおはなしが掘り起こされるような感じがしました。

それは、まるで魔法使いに魔法をかけられたような不思議な感覚でした。吉田さん自身が、物語の舞台であるニアソーリー村の住人で、作者のビアトリクス・ポターのそばにいて、このおはなしを作るところにいたのだと錯覚をしてしまうほど、その語り口はなめらかで調子がよく、ちょっと前に見聞きしてきたことを話しているみたいなのです。物語全体とポターの存在が、吉田さんのなかにしっかり存在していることを感じました。

また、ひとたびおはなしの解説がはじまると、穏やかで丁寧な口調の吉田さんが、ときおり落語家のような話し方になるタイミングがあって……まるで噂好きの長屋のおかみさんが憑依《ひょうい》したかのような口調で、状況説明をしてくださったり、登場人物たちにちくりと皮肉を言われたり。初めて聴いたときは、それまでとのギャップに若干とまどってしまったほどです。でも、そこで一気にくだけた気安い雰囲気になり、絵本のなかの世界がぐっと身近になりましたし、なによりもとてもおもしろかった！　子どもの私が、飽きずに最後まで講座を聴くことができたのは、お話の内容が興味深いということもありますが、このユーモアあふれる語り口のおかげもあったのだと思っています。

吉田さんの解説は深い知識と、それに基づく考察からのものなので納得感があります。そのうえ、おもしろくて引き込まれます。その考察の仕方は、字が読めない時期にイラストを見ながらおはなしをふくらませていくひとり遊びと似ていて、ページのはじっこに描かれているちょっとしたものに意味を持たせたり、テキストでは言及されていない登場人物の表情や動きからつぎの展開を想像したり……「私が本を読みながらしていることと似てる！」と一気にシンパシーを感じてしまいました（いま思えばかなり図々しいのですけれど）。

私からしてみたら自分のひとり遊びの延長のようなことを、大の大人が大真面目に、堂々と大勢の人の前で話しているということにも、それをたくさんの大人が熱心に聴いているという講座の光景にも驚きましたし、大人になってもこういうことができるんだぁという不思議な感動をおぼえました。

自分が想像しながらぼんやり楽しんでいたことにとてもよく似ているけれど、こんなふうにも明確に言葉にして説明できるとみんなにもおもしろさが伝わるし、それを共有することができるのだということは、私にとっては大きな発見でした。そしてその日、会場にきていた人たちみんなが、その本を読みたくなる魔法をかけられたようでした。もちろん、私も魔法にかかったひとりで、そのときからずっと、吉田さんは私の憧れの人です。

このとき以降、私はすっかり吉田さんのファンになってしまい、その後も両親にくっついて、吉田さんの講座にはなるべく参加するようになりました。

吉田さんはすでにさまざまなところで講演会をされている人気者でしたが、私はひそかに「自分こそは最年少のファンにちがいない！」と自負しており、生徒のひとりになった気分で吉田さんのことを「吉田先生」とお呼びするようになりました。

吉田先生のお話を聴いているだけで、自分自身が物語の世界の近くにぐっと近づけたような気になりましたし、自分も少しでも物語を読み解けるようになりたいという意欲がわいてきました。吉田先生の講座のなかにでてきた、まだ自分が読んだことのない本の名前や作者の名前を、つぎに読みたい本、読むべき作者としてリストアップしていくことが楽しみでした。そうやって出会った本の多くが、いまでも私の愛読書となっています。


大学の先生をしているような「きちんとした大人」が、自分と同じ本を読んで、楽しみ、さらにその本について勉強（研究）をしているということを目の当たりにしたことは、「本を好きな自分」を少し持て余していた当時の私にとっては、とても勇気づけられる出来事でした。

大好きな本たちをこのまま読み続けていったら、いつかはあんな読み方ができるようになるんだ、こんな楽しみ方もできるようになるんだ！　と思えるのは、とても嬉しいことでした。

また、自分もたくさん本を読んで、この人みたいに物語を理解できるようになりたいという憧れの気持ちが芽生えましたし、自己肯定感が少しだけ高まったような気がしました。

絵本や物語の世界を読み解いて、つなげてひろげていくのには、知識だけではなく、その作品への想いが必要です。吉田先生のお話を聴いていると、もっと知りたい、もっと読みたい、より深く物語の世界を味わいたい！　という欲

講座でお話しされる吉田先生（2000年ごろ）

が増してくるのは、吉田先生の想いが伝播《でんぱ》してくるからなのかなと思っています。読んだことのある本のことはより深く知りたくなり、いままで読んだことのなかった本は読みたくなる……。私もいつか、そんな魔法をかけられる人になれたらいいなと思っていますが、まだまだ道は遠いようです。

物語るイラストレーションってどんなもの？

―コールデコットの絵本の楽しみ方―

私に、コールデコットの絵本の素晴らしさを教えてくれたのも吉田先生でした。

ランドルフ・コールデコット（Randolph Caldecott, 1846-1886）は19世紀に活躍したイギリスの絵本作家、イラストレーター。ウォルター・クレイン、ケイト・グリーナウェイとともにイギリス絵本の新たな表現形式を確立したとされています。ユーモアあふれる、いまにも動き出しそうな生き生きとしたイラストが得意で、出版企画家で木版工房主でもある彫版師のエドマンド・エヴァンズとともに制作した子ども向けの絵本は彼の代表作で後世の絵本作家たちに大きな影響を与えています。

2020年に、福音館書店から吉田新一監修・解説の『コールデコットの絵本』というオリジナル復刻版セットが出版されるタイミングでの講座でお話を聴いたことは、いまでもよくおぼえています。

コールデコットの絵本は、私にとっては小さいころから身近にあったものではありません。それでも、翻訳絵本を中心に読んで育ってきたせいか、コールデコットのイラストははじめて見たときから、どこか懐かしさを感じるものでした。なぜ、そんなふうに思うのか……その理由は、吉田先生のお話を聴いてわかりました。コールデコットがその後の絵本作家たちにどれだけ影響を与えたことか！

そして、これまでは個々に魅力を感じていた絵本にも、実は過去からの継承やつながりなど、さまざまな歴史があるということを意識したのも、このときの吉田先生のお話がきっかけのひとつになりました。

そのときの講座（２０００年）はコールデコットの絵本をスライドに映しながら、それに合わせて吉田先生が英語のテキストを翻訳しながら読んでいき、ご自身の解説を加えて紹介していくというスタイルでした。吉田先生の言葉を聴きながら、イラストをじっくりながめるというのは、小さいころに大人が読んでくれるおはなしに耳を傾けながら、なにひとつ見逃さないように、ページのすみずみまでイラストを見ていたときのような体験でした。久しぶりに、まだ文字が読めなかったころに絵本を読み聞かせてもらっていたときの気持ちになり、夢中になって絵本の世界を楽しむことができました。

また、ただ絵本を読んでもらうのとちがうのは、同時進行でコールデコットの意図をくみ取った補足、背景にも言及して説明してもらえるというところで、それがあるともっと聴きたい！　もっと知りたい！　という気持ちになりました。

いつもはとても穏やかでジェントルマンな吉田先生ですが、ひとたび絵本や物語の内容を語りはじめると、ぐっとお茶目な雰囲気になります。落語家や講談師のような軽快さで、コールデコットのユーモアあふれるイラストがより魅力的になるようなお話をしてくれるので、一気に引き込まれてしまうというのは前述のとおりです。まるで、コールデコットからこのイラストを描いたときのことを教えてもらったのかしらと思うほど滑らかな語り口で、ページのすみからすみまであますところなく意味を読み解いていく様子は、謎解きを見ているような爽快感すら感じます。ときには登場人物をはやし立てたり、ときには冷静につっ込みをいれたり……と、軽快でおもしろくて、解説が全然かたくるしくないので、ちょっとした小噺《こばなし》を聴いているかのようです。吉田先生のお話自体がとても魅力的なので、聴いた人はみんな、気がつくといつのまにかその本を読みたくなってしまうんです。ほんとうに魔法みたい!

吉田先生は、絵本の読み解きをされるとき、イラストで語られる「ユーモア」についてお話しされることが多いと思います。それは、吉田先生自身がとてもユーモアを大切にしていらっしゃるからなのではないでしょうか。

私の愛読書のひとつに『マザー・グースのうた』第1集〜第5集(谷川俊太郎訳/堀

内誠一イラストレイション／草思社）があります。谷川俊太郎さんの軽妙な訳と、堀内誠一さんの洒脱なイラストがマッチした楽しい本です。イギリスで古くから伝承されてきた童謡であるマザー・グース（ナーサリーライム）は詩集として読んでももちろん楽しめるのですが、私にとってはちょっとした事典のような本でもあります。

というのも、英語圏の作品を読んでいるといろいろなところにマザー・グースが登場してきます。特に説明がなくても、当然のようにみんなが知っている人物として出てきたり、うたの一節が使われていたり……それほど英語圏の子どもの日常に溶け込んだ存在なのでしょう。残念ながら私にはその素地がなかったので、この本を頼りに、物語に隠れているマザー・グースをさがす遊びをよくしていたものです。

愛読書ではあったのですが、マザー・グースのうたのなかには、シュールなものや、短文すぎて意味がわからないものもたくさんありました。

そんなうたのひとつに『6ペンスの唄をうたおう』があります。このうたに出てくる「くろつぐみのパイ」のイラストはいろいろな作家が描いているのをよく見ますし、ほかの物語や絵本にもしばしば登場するモチーフ。

くろつぐみのほかにも、パイ、キングやクイーンといった特徴的なキーワードが提示されるものの、これらがいったいどのようにつながっていくのかはただ読んでいるだけではわからず、最後のオチも明確ではなく……とにかく不思議なうたなのです。英語で読むとリズムもあり、言葉のひびきだけで子どもが笑い転げるようなおかしさがあるらしい……のですが、残念ながら日本語で読むとそのおもしろさはどうしても伝わってきません。

それが、コールデコットの手にかかるとどうなるのかというと、文字で語られていない部分に独自の解釈を加え、文字よりも雄弁にイラストで語るという彼の手腕が存分に生かされ、ひとつのおはなしとして見事に成立させているのです。うたのなかに出てくる単語のひとつひとつが、ただイラストで描かれているだけではなく、それぞれに意味を持って存在しているので、脈略なく思えた文がコールデコット流の解釈のおはなしとして、いきいきと動き出します。

この、雄弁なイラストによって語りなおされたものを、さらに吉田先生が解説してくれるのですから、まさに至れり尽くせりです。ばらばらに思える単語や言葉を、どのように工夫してコールデコットがひとつのおはなしにしたのか、またそうするためにどの部分を変えたり、場面を付け加えたりしたかなどなど……1ページごとに丁寧に説明していただくことで、コールデコットの絵本への理解度が高まり、魅力が倍増しました。

コールデコットの絵本を深掘りするところからはじまって、当時の時代背景や印刷技術、絵本作家という職業、そしてその後の絵本への影響まで……吉田先生のお話を聴いていると、いつの間にか、いろいろな方向に興味がひろがっていき、まるで魔法にかけられたように読みたい気持ちが膨らんでいくのです。

知識があれば、こんな読み方をすることができるんだ！　そして、それをこんなにおもしろく人に説明できるんだ！　めちゃくちゃ素敵で、かっこいいなぁ。私もそんなふうに絵本を読み解ける人になりたい！　と心から憧れましたし、その憧れはいまも継続中です。

コールデコットの絵本に『A Frog he would a-wooing go.』(かえるくん　恋をさがしに)という作品があります。

私がこの本を知ったのもやはり、吉田先生のピーターラビットについての講座がきっかけでした。ポターがコールデコットの絵本に影響を受けているという具体例として『ひげのサムエルのおはなし』のイラストのなかに、この絵本に通じる描写があるということで、この『A Frog he would a-wooing go.』が取り上げられていました。

ポターの『ひげのサムエルのおはなし』のなかで、自分の家にねずみが出なくなったタビタおくさんがどんなにほっとしているかを表現するために、ポターは居眠りをするタビタおくさんの手から、やりかけの編み物が落ちているというイラストを描いています。これは編み物をしているあいだに居眠りをしてしまうほど、タビタおくさんが安心しきっている様子を表わしています。テキストには「それからあと、タビタおくさんのいえには、ながいあいだねずみがでませんでした」と書いてあるだけですが、このイラストがあることで、読者はテキストに書いてある以上のことを感じることができるというわけです。

そして、この編み物をつかって心情を表すという手法は、実はもともとコールデコットが『A Frog he would a-wooing go.』で使用しているのです。（ちなみにこのイラストにつけられたテキストは「かえるくん　恋をさがしに、／へいほー、とローリーはいうよ！／おふくろの　ゆるしがあろうとなかろうと。／とんまに　あほかよ、／へいほー、とアンソニー・ローリーはいうよ！」です。）

この絵本の最初の一場面のイラストを吉田先生がつぎのように解説してくださいました。

「――コールデコットのかえるが恋を探しに行くおはなしですが……ここで花束を作って『おっかあ、ちょっくら行ってくるよ』というのが、これです。突然こんなことを言いだしたのでお母さんは驚きのあまり、ここでも編み物を落としているのです。この場合は安心してではなく、びっくりしてですが。（中略）

ここに額がかかっていて、大きながまがえるがいます。これは明らかにいまは亡きお父さんですね。お父さんがいないので、お母さんはひとしお、ひとりっこのかえるの心配をしています。とくに嫁さんに気をもんでいます。それが突然、嫁とりにいくなんて言い出したものだから、編み物を落としただけではすまないくらい驚いているわけです。そうやって、絵のなかに情報を読みとると、ここに絵解きができます」

それまで、とても紳士的に優しいトーンでお話ししていた吉田先生が、この場面の説明をはじめたとたん、「おっかあ、ちょっくら行ってくるよ」とかえるが乗り移ったかのように、やおらべらんめえ口調になるのがびっくりするやらおもしろいやらで、思わず笑ってしまいます。それを受けるお母さんの反応も含め、すてきな衣服を身につけ、ちょっとお上品に見えるかえるの親子が一気に庶民的なその辺にいる親子の会話のようになり……それまで少し格調高く感じていたコールデコットのクラシカルな絵と、詩のような掛けことばのような、なじみのないテキストとの落差がまた魅力的でした。

タビタおくさんは安心して落としていた編み物を、こちらのおはなしではかえるくんのお母さんがおどろきのあまり落っことしているのです。どちらもテキストには書かれていない登場人物の心情を、「編み物」というアイテムを効果的に使ってイラストに描き込んでいるということがわかります。さらに、ポターが幼いころからコールデコットの絵本を読んでいて、彼の手法を学んでいたと考えると、これは偶然の一致ではなく、意図的なものだということが推測できるというわけです。

これはほんの一例ですが、こういうひとつひとつの点がつながって線になっていくようで、絵本の歴史や伝承みたいなものさえも感じられます。最初にこの解説を聴いたときに、パズルのピースがはまっていくような、重要な暗号がとけていくような不思議な感覚を抱きました。また、こんなふうに絵本を楽しむ方法があるんだなぁという新鮮な驚きもありました。

イラストからこれだけの情報が読みとれたら、おはなしのおもしろさが格段に変わってきますよね。

とくに、マザー・グースのように脈略のない展開に思えるテキスト（英語圏の人にとっては、韻や言葉のリズムなど楽しめる要素はほかにもあるのだと思いますが）が一気にいきいきとおもしろく感じられるのは、イラストの力だと思います。その点において、コールデコットのイラストはすばらしく、知識がなくてもこちらが想像して楽しむことができる要素がたくさん散りばめられています。そのたくさん散りばめられているモチーフのひとつひとつが理解できたら、もっと絵本全体を楽しめるはずです。そのためには、そのことを気づかせてくれる人、教えてくれる人が必要だと思います。

イラストをながめながら、あれこれ自分の頭のなかで登場人物を動かす遊びはとびきり楽しいものです。そうやって、自由な発想や想像力をつかって楽しむことは大切で特別な経験だと思うので、それはそれで大切にするとして、次のステップとして知識に基づいた考察力をもとにイラストを読み解いていく楽しさも知ってほしいです。

コールデコットの絵本との出会いは、欧米の絵本の歴史を感じることができ、あらためてもっと知りたいと思うきっかけにもなりました。
ビアトリクス・ポターがコールデコットの絵本の原画を見て育ったということや、大好きな絵本作家のモーリス・センダックが目標としていた人がコールデコットだということ（それだけで一目置いてしまいます）、同時代の作家であるウォルター・クレインやケイト・グリーナウェイとのつながりなども教えていただき、縦軸にも横軸にもひろがる絵本の歴史の入り口に立ったような気がして、とてもワクワクしました し、好奇心を刺激されました。

吉田先生の著書に『絵本／物語るイラストレーション』（日本エディタースクール出版部／現在品切れ）がありますが、まさにこのタイトルの通り、コールデコットの絵本は物語るイラストレーションそのものだなぁと思います。

吉田先生の解説を聴いたことによって、コールデコットのイラストへの興味が何倍にも膨れ上がり、しばらくのあいだ、私の欲しいものリストの最上位には入手困難だったコールデコットの絵本セットというのがあったほどです。

その後、実際に『コールデコットの絵本』オリジナル復刻版セット（こちらも残念ながら現在品切れ）が発売されたときは、大興奮して入手しました（正確には両親にねだって手に入れました）。箱に入った16冊の絵本はうっとりするほど美しく、手元にきたときはとびあがるほど嬉しかったものです。

学生のころは、このセットが自分の持ち物のなかでいちばんの価値のあるものだったので、火事や地震のときには、これを抱えて逃げなくてはいけない！　と真剣に思っていて、ほかの人から呆れられていました。手に入れてすぐは、もったいなくて、なかなか箱から出せなかったくらいで、いまだにこの絵本を読むときは、姿勢を正してうやうやしくあつかっているという、ちょっと特別な宝物です。

ピーターラビットと私

私の子どものころの思い出のなかには、いつも絵本や本があります。そのなかでも「自分で本を読むこと」に最初に興味を持った一冊は『ピーターラビットのおはなし』だったのではないかと思います。

『ピーターラビットのおはなし』（ビアトリクス・ポター作・絵／いしいももこ訳／福音館書店）のシリーズは、3歳くらいのころの大のお気に入りで、何回読んでもらったかわからないくらいです。くり返し読んでもらっているうちに、おはなしの内容だけではなく、どのページにどんなイラストがあって、どんな文章が書いてあるかをすっかり

おぼえてしまい、父や母がひと文字でも読みまちがえようものなら「ちがうよ～！」と大騒ぎするほどでした。そのうちに、まるで文字が読めているかのようにページをめくりながら文章を読みはじめたので（実際は暗唱していただけなんですけど）「教えていないのに急に文字が読めるようになった⁉ 天才⁉」と、両親が勘ちがいをしてぬかよろこびをしたという話は、いまでも我が家の笑い話のひとつです。

それくらい何度もくり返し読んでもらったということは、読む側の両親はさぞかし大変だっただろうなと思います。暗記するくらい集中して絵本を聴くことができたというのは、文字を読めない時期ならではの体験だったのではないかしら。また、その出来事がきっかけで、自分のなかに「本（字）が読めるようになると、こんなによろこんで驚いてもらえるんだなぁ」という思いがぼんやり芽生え、文字に興味を持ちはじめました。このころから絵本を読んでもらうときにイラストだけではなく、読めないながらも意識して文字を目で追いはじめるようになりました。

幼いころの自分が、どんなところにあんなにも魅了されていたのかは、はっきりとおぼえていないのですが、何度読んでも飽きない、不思議な魅力がこの絵本にはありました。おはなしの展開はとっくにわかっているはずなのに、ピーターがマグレガーさんから追いかけられるときは、つかまってしまわないか、うまく逃げだせるか、その度に自分もピーターの気持ちになってハラハラドキドキ……日常生活のなかでも、保育園の近くにある畑を通りかかるときには「あれはマグレガーさんの畑？」とこわごわ確認したり、畑のなかに背の高いおじさんがいようものならマグレガーさんの姿を重ねて、ちょっぴり緊張したり……おはなしを読んでもらっているときだけ、その世界に入り込むというのではなく、いつの間にか自分の生活のなかにもピーターラビットの世界が溶け込んでいたような感じでした。

そんなふうに、絵本に向き合えたこと、全身でおはなしを楽しむことができたことというのは、とても幸せで貴重な体験でした。

そして、この絵本をより好きになったきっかけをくれたのが吉田先生でした。

はじめてお話を聴いて衝撃を受けて以降も、幸運なことに、いろいろなところで吉田先生お話を聴くことができました。数々の講演会のなかでも、ピーターラビットとビアトリクス・ポターについてのお話をされる機会は多く、私ももう何回も聴いているのですが、不思議なことにまったく飽きませんし、そのつど新しい発見があります。これは、決して私の記憶力が悪いからというわけではありません。吉田先生自身が情報を更新されていることもありますし、ピーターラビットのシリーズは24話もあるので、今回はどのおはなしのエピソードを聴けるのかという楽しみもありました。吉田先生のお話を聴いていると、ひとつひとつのおはなしの登場人物、描かれている風景や建物、ほかの作品との類似点など、つぎからつぎへと話題が出てくるので、もしかしたらポターよりもこのおはなしについて詳しいのではないかと思ってしまうほどです。ピーターラビットとビアトリクス・ポターについての考察だけにとどまらず、その後の作家や作品への影響までを把握しているという意味では、作者よりも作品のことを語る材料をお持ちなのかもしれません。

吉田先生のピーターラビット・シリーズについての解説を聴いた後には、必ず絵本を読み返したくなります。そもそも24話もあるシリーズなので、自然と何度も読むお気に入りのおはなしと、そうでないものがでてきたりします。でも、それまであまり注目していなかったおはなしも、吉田先生からほかのおはなしとのつながりやエピソードを教えていただいた後で読むと、新しい魅力に気がつくことができるのです。そうやって読んでいるうちに、一気にお気に入りの仲間入りをするおはなしもあるのだから不思議なものです。

たとえば『こねこのトムのおはなし』は、私にとってはそんなおはなしのひとつです。小さいころは、特別にお気に入りだったわけではなかったのに、吉田先生の講座で『こねこのトムのおはなし』の解説を聴いてからは、とくに気になるおはなしに変わりました。

「ヌードで遊んでいるという、これがねこの素顔なのです。ところが、この後すぐにお母さんがお客さんを呼ぶためにこねこを家のなかに呼び込んで、お風呂に入れて洋服を着せるのです。ところがその洋服をちょっと着せていないあいだに子どもが大きくなってしまっていて、洋服が縮んでしまって無理やり着せるとボタンがとんだりして。ボタンを慌ててつけかえたりして。こういう繊細なところを描くというのが、生活の匂いがしておもしろいのですよね。（中略）我々の日常感覚にあるものを、ちょこっとおはなしのなかに入れるというのがイギリスのおはなし……子どもの本も含めての、楽しさだと思います。日常感覚というのがぱっと入るのですね。『日常の生活にぱっと光を当てる』という言い方をグレアム・グリーンがしましたけれど、そういうところが実に天才的なのです。こまごま書いたらくどくなるけれど、どこかにスパっとそういうものを入れると、意外にねこの生活が我々の生活に直結してしまうのです。お母さんがそうやってぶりっ子させて、洋服を着せて……つぎにはお客さんに出すお菓子を作らなくてはいけないので邪魔をされてはいけませんよね。そこで、子どもたちにいろいろ言っていますが、あそこに親のくどさが出てますね。

――こねこたちの　したくがすむと、タビタおくさんは、おちゃかいのごちそうに、あついトーストをつくるあいだ、こどもたちがじゃまをしないようにと、そとにおいだしました。さあ、おまえたち、ふくをよごさないようにね！　うしろあしであるかなくちゃいけませんよ。それから、きたないごみのあるところへは　はいらないようにして、めんどりのサリーさんや、ぶたごやや、あひるのパドルダックさんたちのそばには、いくんじゃないの！——

　こんなに一度に言われてもおぼえきれないですよね。ひとつくらいにしておいてほしいのだけれど。忘れちゃいますよね。あれもこれもいけないなら、どうでもいいやってことになってしまうわけでね。これも、とても日常性をよく描いています。お母さんにしては、全部言わなくてはいけないわけでね。……親と子というのは、こうしてすれちがっていくわけですね。

　こうして、出て行くとすぐに、ボタンがとんでしまったり、だんだんと服がなくなっていくのです。そうして、ヌードになってしまって。ヌードになったところで、お客さんのくる時間になって。いざお母さんが家のなかに連れ戻そうとして、『あら～！』ということになって目がつりあがってしまうのですが、もう手遅れですね。仕方がないので、捕まえて2階の子ども部屋に放り込んで。お客さまには『はしかでねております』と嘘をつくわけですね」

子どもにお行儀よくしていてほしいお母さんと、急ごしらえで着かざってとりつくろわれたとしても、すぐによそ行きの姿を捨てて本来の姿に戻ってしまう子どもの対比は、おたがいに悪気がないぶんはたから見るととても滑稽《こっけい》ですよね。

この解説をはじめて聴いたときは子どもだったので、大人（親）でも見栄を張って理不尽なことをしたり、させたりするんだなぁということに驚きましたし、またそれをこんなふうに笑い飛ばしてもいいんだということがとても痛快でした。自分が大人になるにつれ、いつの間にかあんなに滑稽で理不尽だと思った大人側の事情もくみ取れるようになっていることに気がついて苦笑しています。……子どもと大人、それぞれの事情が見事におはなしに組み込まれているところはあらためて感心してしまいます。

「この場面は2ページにわたっています。――おきゃくさまには、こどもははしかでねております、といいました。おくさんがそんなことをいったのは、ざんねんですね。だって、それはほんとではありませんもの。ほんとどころか！……Quite

Contrite まったく逆の、They Were Not in Bed 子どもらはベッドにはいませんでした、少なくともベッドにいませんでした。と原文では書かれています。そして、絵ではベッドでどんちゃん騒ぎをしているところが描いてあります。そして、お母さんが2階に上がってきて「あんたたちったら！」と怒っています。2匹は隠れていて耳だけがベッドのところからちょこちょこ見えていて。1匹だけが、赤ん坊のかぶる頭巾のようなものをかぶっているのです。すごく辛辣《しんらつ》なことではないですか？つまりこれは、どういうことかというと……本来、ねこはヌードでいるのですよ。それに服を着せたら、とんでもないことになるのです。そんな不自然なことをしたために、自然に服が脱げていったのですね。そしてまた元に戻ったはずが、それをいけないと言うのだったら『じゃあ、これもやるわよ！』とこんな滑稽なもの……ねこにいちばん、似合わないものをかぶっているのです。それをお母さんが見せつけられて、『あらー!!』って言っているのです。

　これと同じことを、パドルダックさんと、そのおくさんたちがやっているのです。それが、服を着ていてもあひるのことですから、脱げていってしまうのですね。そして、それをいつも探しているということが書いてあります。これも自然でしょう？あひるはいつも水に潜っているわけですね。あひるは水に潜るという本来の仕草をしながら、実は脱げた服を探しているのです。これもあひるの習性と、物語の結末とを融合していて上手いですね。そして、このあひるのやっていることは、なんて素っ頓狂で馬鹿げたことでしょう。本来は、着るものでないものを着て、なくして、そしてそれを探しているという……こんな馬鹿なことはないですよ。

トムたちも『お母さんが、着ろというから着たら、こんなに馬鹿な格好になるのよ！』と言っているのです。お母さんに対する、子どもなりの抗議ですよね。『着ろって言うから着たわよ！　どう!?』というわけです。お母さんに対する痛烈な風刺、反論ですよ。ここでも、ポターは非常には厳格なモラルを持っています。これも、先ほど言ったピーターラビットと同じです。こねこのトムは、家のなかに閉じ込めて、お行儀よくして、階級に適した服を着て、おすましをして……。それが19世紀のアッパー・ミドルの階級のしつけというもので。それで、がんじがらめに育ったポターの内面にあったのは、それを放り投げてやりたいという思いで。現実にはできなかったことを、物語のなかで吐き出しているのではないでしょうか。そういう読み方をすると、非常に時代にぴったりで。ポターの性格が激しいということもうかがえるのではないでしょうか」

おわかりいただけたでしょうか。このように、解説や考察をしてくださるときの吉田先生にはいろいろな人格があるかのようです。ときにはタビタおくさまになりきってトムたちを叱る一方で、お客さまに猫なで声を出したり。また、ときにはポターの視点に立ち、イラストの意図やキャラクターの行動を説明してくださったりもします。さらには、研究者として物語の時代背景やポターの境遇なども踏まえての考察もしてくださるし、私たち読者を代弁しているかのようなちゃちゃが入ることもあります。吉田先生の解説はメイキング／ビハインド動画やドキュメンタリー映画を観ているようなおもしろさがあるのです。お話を聴いているだけなのに、なんだか自分の知見がひろがり、ちょっと賢くなったような気がしてくるし、知識を共有させてもらえることによって、より深く絵本のことやポターのことを知ることができますし、さらに知ることへの意欲がわいてきます。

私にとってこのときの『こねこのトムのおはなし』の解説で語られていた、絵本や物語のなかで動物が衣服を身にまとうことの意味や効果というのは、とても印象的で興味を惹かれるテーマでした。

それまで、動物が主人公の絵本や物語には当たり前に慣れ親しんできましたが、これまでとはちがう新しい角度……たとえば、あらかじめ洋服を着ているおはなしとそうでないものとのちがいや、動物たちが身につけている洋服になにかしら意味があるのかなどを考えながら読むと、これまで気に留めていなかった、動物たちが洋服を身につけるタイミングが気になったり、自分から衣服を身につけるのか、それとも誰かに着せられたのか、に注目するようになったりしました。

これまでも、一冊の絵本を読んでもらう、自分で読む、絵を描いてみる、ごっこ遊びをしてみる……など、いろいろなアプローチで楽しんできたと思っていましたが、またひとつ大人の楽しみ方を紹介してもらえたような、新鮮な発見とよろこびがありました。

このときに体験した、物語を読み解いたり考察したりすることのおもしろさが、ずっと私の心のなかに残っていて、いつか自分なりに、考えをまとめて書いてみたいなぁ〜というぼんやりとした願望がうまれました。それは、ほんとうに漠然とした希望で、なかなか実現にするには至りませんでした。

でも、大学生になり、卒業論文を書くときにいろいろとテーマを考えていて、そのことを思い出して、そこで思いついたのが「アニマル・ファンタジーにおける衣服の表現について」というテーマです。吉田先生の「こねこのトム」の解説を聴いたときに、とてもおもしろいと思っていたことが少なからず影響していたことはまちがいありません。

また、衣服の歴史などにも興味があったので、ビアトリクス・ポターの作品を中心に擬人化された動物たちが、どのようなときに衣服を身につけているのか、衣服に込められた意味についてを調べてまとめることにしました。卒業論文ともなると、それまでしていた遊びの延長のような気楽な自己流の分析というわけにはいきませんでしたが、あのころのワクワクした気持ちは忘れないままに精一杯取り組めました。そして、この卒業論文を書いている期間が、これまでの学生生活のなかでいちばん楽しく充実していました。

ひとつのテーマに沿って資料をあつめて整理して、文章を書くというのは大変だけれど、とてもやりがいのある作業でした。吉田先生のお話を聴いて芽吹いた好奇心が、ようやく小さな実をつけたような嬉しさがありました。絵本や物語を楽しむ、もうひとつの扉を自分の手で開けることができたような充実感があったのです。

そしてこの経験を経て、自分の考えや考察を資料とともにほかの人にわかりやすく伝えることがどんなに難しいことなのかを痛感し、あんなふうに楽しくお話ししてくださる吉田先生のことをあらためて尊敬しました。

吉田先生から、ピーターラビットシリーズのおはなしを何度か聴いているうちに、その舞台になっている湖水地方へ、いつか行ってみたいなと思うようになりました。

講座のなかで、絵本のイラストと、実際の湖水地方の風景や建物の写真を並べて見せていただいたとき、絵本に描かれている世界がそのまま広がっているかのようで「ほんとうにこんなところがあるんだ⁉」と興奮したことをおぼえています。当時はいまのように詳しいガイドブックが出ているわけでもなく、グーグルマップで現地の様子を見ることができるわけでもなかったので、はじめて見る自然豊かな湖水地方の写真がとても新鮮に映りました。

吉田先生がご自身で見つけてきたという、イラストに描かれている場所を撮影された写真をながめているだけで、絵本の世界が実在することにワクワクしてしまいました。ひと目で、どの建物を描いたのかがわかる場面もあれば、よく見比べなければ気がつくことができないような道路や石塀が描かれている場面まで……。また、その写真やイラストを見るとポターがかなり忠実に絵本のなかに描いていることがわかり、そのことにも感心しましたし、それらをひとつひとつ探し当てて写真を撮ってきた吉田先生の執念ともいえる熱心な根気強さにも、心から感銘を受けました。

中学2年生の春休み、はじめて親子3人で海外旅行へ行くことになりました。その行先に選ばれたのは児童文学の宝庫、イギリスでした。私たち家族3人で共通して好きなものといえば絵本や児童文学だったので、満場一致で行き先は決まりました。その旅行中に、長年憧れていた、ピーターラビットのおはなしの舞台である湖水地方に訪れることができたことは、とても大切な思い出です。

最近は「聖地巡礼」などといって、推し活のひとつとして物語や映画の舞台を訪れるということは、多くの人が当たり前のように経験しているかもしれませんね。同じ趣味を持った人同士、一緒に好きなものを追いかけたり、共通の知識を持って、同じものを見て盛り上がるのはとっても楽しいことです。私たちの家族旅行も、いま考えてみると絵本と児童文学の舞台をめぐる聖地巡礼の旅でした。それまで、あまり意識したことはなかったけれど、この旅行は家族で同じものが好きでよかったと思える出来事のひとつです。

近年では、ピーターラビットの実写版の映画や、ビアトリクス・ポターの半生を描いた映画などで、ピーターラビットのおはなしがイギリスの湖水地方を舞台に描かれていることはご存じの方も多いと思いますし、湖水地方の風景などをご覧になったことのある方もいるかもしれません。ナショナル・トラストの管理によって、いまでも絵本に描かれてる場所がほとんどそのまま残っているなんて、ほんとうにすごいことだと思います。

私たちが旅行したころは、いまのように湖水地方が大人気の観光地にはなっていたわけではなくて、シーズンオフだったこともあり、観光客がほとんどいなかったので、絵本に描かれている風景、建物などを探しながらゆっくり歩いてまわることができ、夢のような時間を過ごせました。ポターのイラストに描かれているものが、実際にあちらこちらに存在しているのを目の当たりにして、絵本と現実がつながっている境界地点にいるような不思議な感覚になりました。目の前にひろがっている風景のあらゆるところが、絵本の舞台になっているので、なにげなく歩いているだけでもほんとうにピーターラビットやあひるのジマイマたちに出会えそうな気がしました。

残念ながらおはなしの舞台になっているすべての場所をまわることはできませんでしたが、吉田先生から教えていただいた場所を中心に、イラストに描かれているパブでご飯を食べたり、B&Bに宿泊したりしていると、次第に自分たちが物語の世界を追いかけているのか、ポターという実在していた人の軌跡をめぐっているのかわからなくなってきました。旅行しているあいだじゅうずっとフワフワと夢のなかにいるようでした。

私も両親ももともとピーターラビットのおはなしが好きでしたし、旅行に行く前にもかなり熱心にピーターラビットの絵本を読み込みましたが、吉田先生のようにすみずみまでポターの絵を読み解き、場所の特定をするなんてこと、とてもじゃないけれどできません。前もってお話を聴かないで湖水地方を訪れていたら、どの場所がイラストになっていたのかなんて、半分以上は気がつけなかったのではないかと思います。

吉田先生は何度も湖水地方を訪れて、写真を撮って、モデルにした場所を見つけていったのだとうかがいました。とはいえ、どんなに湖水地方の自然が当時のまま残っていたとしても、ポターのイラストが見事で忠実だったとしても、ただ闇雲に歩きまわって見つけられるものではありません。おそらく自分の記憶と照らし合わせながら、注意深く歩きまわって、絵本に描かれている場面を見つけていかれたのだと思います。そのためにはピーターラビット・シリーズのイラストのほとんどが頭のなかにインプットされていなくてはいけませんから。そうやって考えていくと、吉田先生はいったい何回あの絵本シリーズを読んだのかしら？　と首をひねってしまいます。

私も（とくに子どものころは）なめまわすように絵本を読んでいた自負がありましたが、もちろん到底かなわない回数なのでしょう。それに実際の場所とイラストを重ねるように見比べることができるのって、知識を持っているだけではだめで、それとは別の特別な能力が必要なんじゃないかなと思ってしまいます。それとも、「好き」を突きつめていくと、時空を超える魔法のような力が手に入るのでしょうか？　魔法を使ってポターが絵本を作っているところに立ち会えたとか??

吉田先生が魔法を使えるかどうかは別として（！）私は吉田先生のおかげで、ピーターラビットのおはなしを通してたくさんの楽しみ方を知ることができました。最初のきっかけがなければ、ここまで深く知りたいと思ったり、舞台に行ってみたいと思ったりしなかったことでしょう。まだまだ奥深いピーターラビットの世界。これから先も折に触れて読み返すのだろうなと思いますし、きっとまた新しい発見があることでしょう。ピーターラビットを通して得た経験は、私の宝物であり財産だなとしみじみ感じています。

読めば読むほど・知れば知るほど

小さな動物たちのこまごまとした生活ぶりと、そこで起きる出来事を描いた絵本や物語は私のお気に入りでした。とくにピーターラビット・シリーズ以外だと「のばらの村のものがたり」（ジル・バークレム作／現在品切れ・新版あり〔69ページ参照〕）のシリーズや「グレイ・ラビット」（アリソン・アトリー作／版元多数）のシリーズはおはなしもイラストも好きで、何度も何度もくり返して読んだ記憶があります。

どちらの本にも、動物たちがエプロンドレスを着ているイラストがあるのですが、そのエプロンドレス姿がかわいくて大のお気に入りでした。そんななかでも、「グレ

イ・ラビットといえばエプロンドレス」というくらい、エプロンドレス姿が思い浮かぶ印象的。そういえば「のばらの村のものがたり」のプリムローズや、『こねこのトム』でトムの姉妹のミトンやモペットがお母さんに着せられていたのもエプロンドレスでした。

グレイ・ラビットが着ているような、ふわっとしたワンピースにエプロンを重ねたスタイルは、私にとっては英米児童文学の世界の女の子たちの象徴のような洋服なのです。『赤毛のアン』や『若草物語』のイラストでも、アンや四姉妹たちが着ているエプロンドレスに密かに憧れていたものです。昔話に出てくるようなお姫さまのドレスよりも、エプロンドレスの方が私にとっては魅力的でした。

「のばらの村のものがたり」のシリーズは、こまかいところまで描き込まれたイラストが魅力的です。ねずみたちが住むお家のインテリア、衣服や食べ物などを見ているだけでうっとり。……まず最初におはなしを楽しんだ後は、すみずみまでイラストをながめて何時間でも楽しむことができました。家の断面図のイラストがとくに好きで間取りや家具の配置をチェックしたり、こまごま描かれている食べ物や小物をひとつひとつ確認したり。「私だったら、この部屋に住みたいな」とか「だれの洋服を着てみたいか」とか考えていると時間を忘れました。いまだに、この絵本を読むときは子どものころとまったく変わらない楽しみ方をしてしまいます。

同じように、小さい動物たちの生活を描いたグレイ・ラビットのシリーズ。「のばらの村のものがたり」に似ていますが、こちらは、とっても健気なグレイ・ラビットを中心に、スキレルにヘアというわがままな友だちや、個性豊かな森の仲間たちとのエピソードがおもしろいのが特徴です。イラストをすみずみまで見て想像して楽しむというよりは、おはなしを楽しむほうが中心だったような気がします。

グレイ・ラビットのおはなしは、残念ながら私が子どものころに読んでいた絵本のシリーズは、現在出版されていません。その後、紆余曲折を経て、岩波少年文庫に収録されたこともありました。「絵本を少年文庫で読むの?」と不思議に思うかもしれませんが、もともと絵本としては文章が多く、かわいいイラストで中和されていたものの、意外とくせのある動物たちのドラマは読み物としてもじゅうぶんに楽しむことができます（イラストも素晴らしいので、絵本と読み物どちらも手に入るのが理想的なのですが！）。

グレイ・ラビットのおはなしの作者は、『時の旅人』の作者と同じアリソン・アトリーだと知ると、読み物としても楽しめるということに納得感が増しますね。

突然ですが、みなさんは作者に注目して読む本を選ぶことはありますか？　作者名を意識したのはいつごろですか？　また、子どものころ、どんなタイミングで「絵本や物語にはそのおはなしを作った人がいる」ということに気がつきましたか？

誰かに確認してみたわけではないのですが、私が作者名というものに注目したのは遅かった方なのではないかと思います。そもそも、絵本や物語が誰かが作り上げたものだと理解するのが遅かったのかもしれません。子どものころにどんなふうに感じていたのかを明確に説明するのは難しいのですが……本に書かれていることが、すべて現実にあったことだと思っていたわけではないものの、おはなしをゼロから作りあげた人がいるということを考えたことがなかったのです。漠然とではありますが、物語というのは作るものではなくて、どこかで誰かが経験したこと（実際には経験していないとしても想像のなかで経験したこと）だと思っているところがありました。パラレルワールドのように、いま自分がいる世界とは別の場所に、絵本や物語のうまれる世界が存在していて、絵本や物語を書くことができる人は、そちらの世界へ精通している人というようなイメージを抱いていました。別々のおはなしなのに、共通する魔法の法則や、マザー・グースのうたが出てきたりするのは、あちら側では、それぞれのおはなしの世界が少しずつつながっているからなのだというふうに考えていたような気がします。

なので、イラストや本の装丁から「これはあの本と似た絵だから読んでみよう」とか「あの本に雰囲気が似ているから読んでみようかな」と判断して、本を選んで読んでいた気がします。ビジュアルや雰囲気で本を自分なりにカテゴライズしていたので、挿絵が似た本は「地続きの世界観の本」だと思っていたくらいで、作者の名前に注目するという意識がまったくありませんでした。

もちろん、字が読めるようになってからは、どの本にも「○○作／○○絵／○○訳」と誰かの名前が書いてあることはわかっていましたが、それはタイトルの一部であると認識していました。一応読んではいたものの、あまり興味がなくてほとんど注意を払っていなかったのですよね。

そんな感じで「作家」という存在を意識しはじめるのが、だいぶ遅めだったので、意識的に作者名で読む本を選ぶということをしたのは、かなり大きくなってからでした。小学校高学年になっていたころでしょうか。

そして、そのきっかけをくれたのもまた吉田先生でした。

吉田先生が紹介してくださる本に絶対的な信頼を寄せていた私は、講座のたびにこれから読みたい本のリストを作っていました。これまで自宅の本棚に入っていることは知っていてもなんとなくスルーしていた本や初めて知った本など、吉田先生がきっかけで読んでみたくなった本がたくさんあります。吉田先生は本を紹介するときに、その作家がほかにどんな本を書いているかに言及されることが多く、必然的に私も

「作家」に注目することが増えました。

信頼できる人が（両親以外の大人というところが私には重要でした）紹介している本を読むことは、少しだけ背伸びして、大人の仲間入りができた気分になれる手段でもありました。自分の読んだことのある本のお話を聴くのは安心感のある楽しさでしたし、自分の読んだことのない本のお話を聴くことができるのは、新しい世界をのぞき見できるような気がしました。自分が読んだことのない本のお話をしてくれるのも楽しみでした。

また、自分がこれまでなにも考えずにただ楽しんでいた絵本には、それぞれに絵を描く人、おはなしを書く人、翻訳をする人などがいるということを、はっきり認識したのも吉田先生のお話からだったような気がします。一冊の本の向こう側に、作家をはじめとした本を作りだす人たちが存在するということをあらためて認識すると、これまで慣れ親しんできた絵本に、またちがう表情が見えるような気がしてドキドキしました。

ひとたび視点を変えて、作者名に注目して、これまで読んできた本を見返してみたら、イラストレーターはちがうけど、あの絵本とこの絵本は同じ人が文章を書いているんだ！　とか、イラストレーターが同じというだけで、文章も同じ人が書いているわけではないとか……いろいろと新しい発見がありました。

興味を持って読み直すと、この絵本を作った人がほかにどんな絵本を作っているのかとか、どんな作家に影響を受けたのか、絵本が作られたときの時代背景……などなど、掘り下げていきたいことがつぎつぎと出てきます。これまでとはちがう楽しみ方を知り、自分の知識欲がおおいに刺激される感覚は新鮮でしたし、すみからすみまで楽しみつくしたと思っていた本のなかに、まだ私が知らなかった新しい魅力があったことに気がつくことができ、なんだかとても得をした気分になりました。

それは絵本だけではなく物語も同じです。

『時の旅人』を読んでみようと思ったのも、吉田先生のお話を聴いたことがきっかけでした。

アリソン・アトリーの「グレイ・ラビットのおはなし」のシリーズや『妖精のおよ

『かえるくん　恋をさがしに』(A Frog he would a-Wooing Go)の１場面。かえるくんに「おっかあ、ちょっくら行ってくるよ」と言われたお母さん。よく見ると、驚きのあまり手から編み物を落としてしまっているのがわかります。本文にもありますが、これと似た構図の絵が『ひげのサムエルのおはなし』(ビアトリクス・ポター作／いしいももこ訳／福音館書店)にも出てきますので、ぜひ見くらべてみてください。 (p.30 ～)

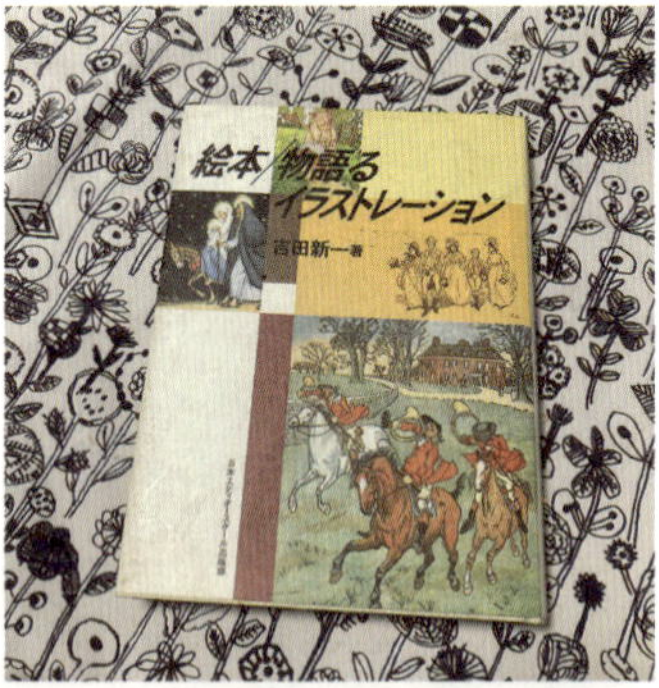

『絵本／物語るイラストレーション』（吉田新一著／日本エディタースクール）
吉田先生の講座の内容を文字でも読むことができます！　読み物としても楽しめますが、私にとっては大学の卒論の際にとてもお世話になった教科書のような一冊です。 （p.35）

『コールデコットの絵本』全16冊・日本語解説書付きオリジナル復刻版（ブライアン・オルダーソン監修・解説／吉田新一監修・邦訳および解説／辻村益朗・正置友子解説／坂東悠美子邦訳／福音館書店）
コールデコットの手がけた16冊の絵本が最新のオフセット印刷技術を用いて、原書そのままの美しさで完全複刻。解説書も含め、大充実のセットで私の宝物のひとつです。 （p.24）

家族でイギリス旅行に行ったときの写真（次ページも）。
憧れの湖水地方に滞在し、Ｂ＆Ｂに泊まり、ピーター・ラビットの舞台を満喫しました。シーズンオフだったため、私たち家族のほかには観光客がほとんどいなかったので、ほんとうに、のんびりゆったり散策できたのはいい思い出です。おはなしのなかに描かれていた風景がいたるところにあり、夢見心地でした。 （p.53）

ニア・ソーリー《NEAR SAWREY》の標識前、タワーバンクアームズ《TOWER BANK ARMS》前で。

『愛蔵版　のばらの村のものがたり』（ジル・バークレム作／岸田衿子訳／講談社）
左の本は、のばらの村のものがたりの８つのお話すべてが収録されている愛蔵版。『春のピクニック』『小川のほとりで』『木の実のなるころ』『雪の日のパーティ』は以前、講談社から出版されていたシリーズ。私が子どものころ愛読していたのはこちらの小さい版のものです。現在では版型・訳者を変えてリニューアルしたものが出版ワークスから刊行されています。

（p.57 ～〔次ページも同〕）

上：『グレイ・ラビットのおはなし』（アリソン・アトリー作／マーガレット・テンペスト絵／石井桃子・中川李枝子訳／岩波書店）、『グレイ・ラビットのおはなし』（アリソン・アトリー作／石井桃子・中川李枝子訳／岩波少年文庫）
下：『グレー・ラビットスケートにゆく』『グレー・ラビットパーティをひらく』（アリソン・アトリー作／神宮輝夫・河野純三訳／評論社）
以前、出版されていたグレー・ラビットシリーズのなかの２冊。

信濃毎日新聞の連載「本の宝箱」（2022 年 11 月～）の一部。絵本から読み物まで「子どもから大人まで、みんなが楽しめる本」を選書して紹介しています。取り上げている本はもちろんですが、連載自体も子どもにも大人にも楽しんでもらえることを目指しています。毎回、お世話になっているフラワーアレンジメントの先生の協力のもと、四季折々さまざまなお花や植物と組み合わせて、おすすめしたい本を撮影しています。少しでも、興味を持ってもらえる紙面になっていたら嬉しいです。

（p.106 ～）

本文に出てきた本や吉田先生のご著書など。
『妖精のおよめさん』（アリスン・アトリー作／ユノセイイチ絵／三保みずえ訳／評論社）
『時の旅人』（アリスン・アトリー作／小野章訳／評論社）
『シェイクスピア物語』（上）（下）（ラム作／厨川圭子訳／偕成社）
『イギリスの絵本』（上）（下）（吉田新一著／朝倉書店）
吉田先生のご著書「連続講座・絵本の愉しみシリーズ」のイギリスの絵本編では、本文でご紹介したコールデコットとポターのことが詳しく書かれています。
『愛蔵版　ピーターラビット全おはなし集』（ビアトリクス・ポター作／いしいももこ・まさきるりこ・なかがわりえこ訳／福音館書店）

めさん』などの短編集は、かたや動物が主人公の絵本、かたや妖精やピクシーなど少し不思議なものが出てくる短編物語と、内容も全然ちがいます。イラストや本の装丁にも似ているところはまったくないため、どちらも大好きで何度も読んでいたのに私は吉田先生のお話を聴くまで、この2つを同じ作者が書いていることに気がついていませんでした。そのためどちらもアリソン・アトリーが書いていると知ったときは衝撃を受けました。「同じ人が書いてるの？」という驚きから「どんな体験をしたら、こんなおはなしを書くことができるんだろう？」という羨望まで、とにかく「えー！！！！」と叫びたくなるほど興奮しました。さらにその後でアトリーが『時の旅人』というおはなしも書いていることがわかり「絶対にこれは読まなくちゃいけない本だ！」と決意したことをおぼえています。

『時の旅人』は自宅の本棚にあることは知っていながら、表紙の怖さとぱらぱらと拾い読みしてみたときの印象が（なんだか暗くて重そう……）だったので、自分からはすすんで読んでみようと思わなかった本でした。でも、『グレイ・ラビットのおはなし』も『妖精のおよめさん』も書いている人の本なんだ！　と知ったとたん、もしかしたら、すごくおもしろい本なのでは？　と思えてきて、あらためて手にとってみたのでした。
この本は、ずっしりとした確かな読み応えのタイム・ファンタジー。ストーリーのおもしろさに加え、史実とフィクションの絡み合い、まるでタイムスリップしたような感覚になる豊かな情景描写など、深掘りしようと思えばどんどん深いところまで掘っていける、重層的な物語でもあります。最初はストーリーに引き込まれるままに楽しむのがいいと思いますが、その後もいろいろな楽しみ方ができるのです。そのまま続けてアトリーの作品を読んで、彼女の作品の世界感にひたってみるのも、ちょっとツウで大人な楽しみ方な気がしませんか。読み込んだ結果、緻密な描写がありながら、どこか幻想的でほんの少し寂しい雰囲気が漂っているところがアトリーの作品に共通した魅力だと感じています。

一冊の本を何度も読んでそのおはなしの世界に入り込んでいくという楽しみ方もあれば、そこから一歩外に出てその物語のまわりの世界をめぐっていくという楽しみ方もあるということがわかったら、読書はもっとおもしろくなります。

それまでの私にとっては、大好きな本を何度も読んで自分のなかに世界をつくっていくことが最上級の楽しみ方でしたが、吉田先生が研究者の視点でお話しされているのを聴いて新たな読み方を知り、とても興味を引かれたのでした。

実際に試してみると、ひとつの物語でも、視点を変えると見え方がちがうこと、新しい一面が見えてくることがおもしろくて不思議で……。完全な自己満足ではありますが、ひとつステージをクリアしたような、ステップアップしたような気分になりました。憧れの大人に一歩近づいたような感覚だったかもしれません。

本を読むということは私にとって幼いころから慣れ親しんだ、ほんとうに手軽で身近な娯楽のひとつです。

単純に楽しい気分になりたいとき、リラックスしたいとき、気持ちをリセットしたいとき、そのときどきに好きな本を読むことが、1人でできるレクリエーションでもあり息抜きでもあります。

そこに「学ぶ」という言葉を介入させると一気にかたくるしくなるように思うかもしれませんが、そうではありません。趣味のものについて調べたり、好きなことを深掘りしているときって、最高にワクワクドキドキしますよね。それと同じで、自分の好きなこと、興味のあることをより深く知っていくことってめちゃくちゃ楽しいことです。

私は、自分の最高の趣味のひとつである「読書」にあらたな楽しみ方を増やすことができて、ラッキーだなって思っています。

II

自分好みの読み方を見つけよう！

私は、はじめての本を読むときは（多くの人も同じだと思いますが）、まずははじめからおわりまで通して読むことが多いです。そのおはなしがおもしろくても、あまりおもしろいと思わなかったとしても、そうやってまずはまるっと読んでみます。

1回、読んで満足してしまう本もありますが、気に入った本については、2回3回、それ以上……と何度も読み返すことになるものがほとんどです。

読み返す間隔はそれぞれで、読み終えた途端にすぐに2周目に入るものもありますし、1年か2年たってから、ようやく読み返すものもあります。そんなふうにリピートするときの読書は、いったんストーリーが頭のなかに

入っている分、1回目より自由度が増します。好きな場面やお気に入りの描写だけを読み返したりすることもありますし、悲しかったりつらい場面はとばしてしまうこともあります。お気に入りの場面がある付近のページだけ、やけにヨレヨレだったりすることもあるくらい、好きな場面は何度でも読み返してしまいます。

そうやって、自分用にカスタマイズして読んでいるうちに、物語にも本そのものにも、どんどん愛着がわいてきて、本を読むということが日常生活のなかに溶け込んできます。これってちょっと気分をあげたいときにアップテンポの音楽を聴いたり、励ましてほしいときに応援ソングを聴く感覚と似ています。心を落ち着けたいときに読みたい絵本や、なにも考えずにただ笑いたいときに読みたい物語など、さまざまなシチュエーションによって、手に取りたくなる本たちが本棚にいてくれるだけで、とてつもない安心感があります。

その一方で大好きな絵本やお気に入りの本が、「知識」を手に入れることによって、まったくちがう楽しみ方ができるということも知ることができました。そのことを教えてくださったのは吉田先生だった、ということはすでにお話ししましたね。

これは、本にかぎらずですが、どんなジャンルの趣味でも、多少の知識があるとないとでは楽しみ方が全然変わってきますよね。なにも知らなくても楽しめるというのも大切な要素ですし、頭でっかちになる必要はないけれど、「知る」ことで一歩も二歩も踏み込んだ楽しみ方ができることは、趣味の醍醐味ではないでしょうか。

絵本や児童文学は、子どものためのものではありますが、子どもだけのものではありません。どのタイミングで出会っても、その人なりの解釈で読むことができます。子どものころの気持ちに戻って素直に楽しむのも素敵ですし、大人ならではの視点で深掘りしたり、考察したりすることも可能です。そんなふうに、重層的な楽しみ方ができるというのは絵本や児童文学の素晴らしいところで、もっと知られてほしい魅力のひとつでもあります。

本が好き、でも本だけが特別じゃない

興味を持つ対象が「本」だと、なぜか学校の勉強に結びつけられて、勝手にハードルが高くなってしまうかもしれませんが、気になったものを調べること、そこから学ぶということというのは、本来は決してそんなにかたくるしいものではありません。

ファッションに興味がある人は登場人物の服装に注目したり、食べ物に興味がある人は食べ物描写に注目したりして、掘り下げていくのも楽しそうです。絵を描くのが得意な人はキャラクターやおはなしのイメージで絵を描いたり、物語を考えるのが得意な人はおはなしのアナザーストーリーを考えてみるのもいいかもしれません。

そういうことは「好き」の対象が本ではなかった場合も、多くの人が経験したことがあるのではないでしょうか。ひとつのものを掘り下げていくためには、いろいろなアプローチがあった方が楽しいですし、好きなものについて情報収集をしたり知識を深めていくというのは自然な流れですよね。

私にも、絵本や児童書以外にも大好きで執着しているものがいくつかあります。

「同じものを何回も観にいくの？」と驚かれることもありますが、好きな映画やお芝居、気に入った展覧会などには何度も足を運ぶこともあります。

ミニチュア雑貨からはじまりお菓子の空き缶など、ほかの人から見たら「それ、いる？」レベルのものでも、自分が「かわいい」と思ったこまごましたものを収集するのがやめられません。

食いしん坊なので、美味しいものを作るのも食べるのも大好き。美味しいものに関する情報を集めるのもレシピ本を読むのも好きです。自分のなかでブームが来たら毎日ひたすら同じものを作って食べたりすることもあります。どれもこれも、ほかの人には理解されなかったとしても、私にとってはとても大切な楽しみです。

そんな、いくつかの没頭できる趣味のひとつに読書があります。知らなかったことをひとつひとつ自分のなかに知識として取り込んでいくと、物語への解像度が高くなっていき、そのたびにさらに夢中になり、なんともいえない高揚感やアドレナリンが放出する感じはゾクゾクします。それはなにかに興味を持ったり、誰かのファンになったときと同じです。少し調べていくうちにどんどん深みにはまっていく感覚は、なにかにはまったことがある人には、少なからず理解してもらえると思います。

絵本や本の解釈は人それぞれです。国語の授業やテストであるような「作者の意図」なんて考えながら読む必要はないし、読んだ人の数だけ解釈があっていいんです。同じ本を読んでも一人ひとりがそれぞれの感想を抱くからこそおもしろいのだと思います。読む年代や環境によって何通りもの受け止め方があっていいし、読み返すたびにちがう印象を持つことだってあるでしょう。読む人によって、印象が変わったり、お気に入りの登場人物が変わったり……以前はつまらなかった本がおもしろく感じることだってあります。

同じ本を好きな人同士であっても、好きな理由や好きな部分がそれぞれちがうのは当たり前のことだと思います。その自由さが私は好きですし、本のおもしろいところのひとつだと考えています。

とくに、絵本や児童書は、大人になって読むと子どものころとはがらりと印象が変わることがあるのが、不思議でおもしろい。そのときどきに感じたことが記憶のアルバムの1ページになるという感じで、当時の自分の境遇や考えていたことを思い出すきっかけになったりします。そういった本がたくさんあるということは、とてもラッキーなことだと思っていますし、本にも、出会わせてくれた人たちにも感謝しています。そして、今度は私も、誰かがそんな本に出会えるようなアシストができたらいいなと思っています。

ときには寄り道したくなる―思春期のこと―

大人になって、本を人に紹介する機会が増えて、ふと自分は子どものころ、どんなふうに読む本を選んでいたのかな？　と振り返ってみました。

私は育ってきた環境から、「本の英才教育を受けてきたようなものだよね」とか「その環境で育ったら、そりゃあ本好きに育つよね」なんて言われることがしばしばあります。思春期を過ぎるまでは、素直に受け入れられないこともありましたが、両親の職業や育った環境のおかげで、私の身のまわりには常に絵本や子どもの本がたくさんありました。なので、恵まれた環境にあったことはまぎれもない事実だと思います。

とはいえ読書というのは、どんなに人にすすめられたとしても、自分自身で文字を読んで文章を理解しなくてはいけないものなので、私が本を好きなのは環境のおかげだけではないと、自分では思っています。むしろ読書に関しては、ほぼ放任されていたような気がします。

私の読書遍歴はかなり偏っています。私にとっての読書が勉強や教養を身につける手段だったことはなく、純粋に楽しいだけのものだったので、有名な作品から読もうとか教養のために読んでおこうとか、そういう考えがまったくなかったのですよね。両親から、名作を読むようにすすめられたこともありませんでしたし、私のためにそういう類の本を本棚に入れて誘導するようなことをされた記憶はありません。大人になったいま、文学好きの方々と会話をしていると、みなさんが当たり前のように読んできている有名な作品を、タイトルと作者しか知らないということも多々あり、大汗をかくこともあります。世界がひろがるほどに、いかに自分が自由気ままに読書をしてきたのかということに気づかされます。

中学生になり、うっすらとした反抗期とアイデンティティ模索中の思春期に差しかかってからは、本の話を両親とする機会は次第に少なくなりました。

好きなジャンルの本の話をいちばん共有できるのは両親だということはわかっていましたが、本の内容について深い話をするということは、自然と自分の内面もさらけだすことになるため、それがちょっと照れくさくもありうっとうしくもあり……とにかくセンシティブなお年ごろでしたので、本についてのふみ込んだ感想を語りたくなかったのです。

その時期には、友人や図書館で借りたりして、漫画やコバルト文庫や、恋愛小説など……家の本棚にも、両親の店にも置いていないようなジャンルの本たちも積極的に読むようになりました。これまで読んできた本が、ホームメイドのお菓子だとしたら、それらの本はジャンクフードのようなものめずらしさと刺激があって、これはこれでとても魅惑的でした。それまで、自分が好きな本の話を同年代の友だちと共有できたことがほとんどなかったので、漫画や小説の話を友だちとできるというのも新鮮でした。

すてきな人におすすめされると、本はもっとおもしろくなる

いろいろなジャンルの本を読んだことで、どれも「本」なのに、ジャンルによって、楽しさの種類がちがうということに気がつきました。いままで触れてこなかったものを知ることで、自分の世界がひろがるような感じがして、それがとても心地よかったのです。本を読むことによって、興味を持った分野のことをほんの入り口だけでも知ることができるのは、とても新鮮で刺激的でした。

そんなふうに、あちらこちらに興味のアンテナを伸ばして、たくさんの本を読んで楽しんでいましたが、これまでずっといつもそばにあった児童書や絵本を読んでいるときの安心感や心地よさは特別でした。

その感覚はいまも変わっていなくて、いろいろなジャンルの沼に片足をつっ込みながらも、私の側には相変わらず子どものころから読んできた本があります。いまでこそ胸を張って児童文学や絵本への愛をさけべますが、そうなるまでには紆余曲折ありましたし、たくさんの葛藤がありました。私のアイデンティティの形成には本が欠かせないものだったため、大切だけど扱いに困る……そんな存在だった時期もありました。

でも、そんなときに子どもの本のことを話す大人と出会えたということは、私にとってはターニングポイントとなりました。なかでも、吉田先生の存在はほんとうに大きいです。大人になっても真剣に絵本や児童文学と向きあっている人がいるということを知り、とても安心しましたし、勇気をもらえました。

はじめてお話を聴いたときに、作家のようにご自身で物語を紡ぎ出しているわけではないけれど、物語のおもしろさや魅力を何倍にもして伝えてくれるということに感動して以来、吉田先生は私の憧れの人になりました。吉田先生のお話ししてくださることが、私が読書をするうえでのひとつの道しるべとなりました。読んだことのない読み物にチャレンジするきっかけになったこともありましたし、小さいころに読んでもらったっきりだった絵本を再度手にとってみるきっかけになったり……。なによりも作品を読むことで、自分の知識が深まるような感覚を味わえるのは、ぞくぞくするほど新鮮でした。そのまま楽しむだけではなくて、別の新しい視点を持って本を読むという楽しさを知ることができたことが、その後の私にとってはとても大きかったと思います。吉田先生との出会いをきっかけに、読書の幅がひろがっただけではなく、それまでの自分の読んできた本たちに、よりいっそう愛着がわきました。

私が素直に紹介された本に興味を持つことができたのは、好奇心や知識欲が刺激されたこともあるけれど、なによりも吉田先生が私にとって尊敬できる大人だったということが大きいと思います。尊敬している人、憧れの人がおもしろいと言っている本であれば、読みたくなるのは当然のこと。ほかの人におすすめされて読むのとはスタートラインからちがいます。実際に読んでみてほんとうにおもしろいと嬉しくなりましたし、自分にはまだ少し難解で理解できないところがあったとしても、「頑張って背伸びして読んでみる」ということに意義を感じていました。

たとえばピアノを習っている子が、プロのピアニストにアドバイスをもらえたら嬉しいし、俄然《がぜん》やる気が出ることがあると思うのですが、そんな感覚に似ているかもしれません。吉田先生が、家族や学校の先生といった身近すぎない大人という絶妙な距離感のある存在だったことがよかったのだと思います。

そもそも私が自分だけで読書を楽しんでいた理由のひとつには、自分にとって大好きな本たちとその本のなかの世界が、ほんとうに大切だったあまり、ほかの誰かに邪魔されたくない、自分だけのものにしていたいという独占欲があったのだと思います。
　どこかで「こんなにおもしろい本を知っているのは私だけなんだ」とか「私にはあの本がある」というように、子どもの本の世界そのものが私にとって、どこかイマジナリーフレンドのような存在だったのです。誰かと話してみたいというのと同じくらい、誰とも共有したくなかったのだと思います。それくらい、密接な関係性だったんですよね。

　大人になり、本の話をできる友だちを得て、出版社や書店での経験を経たいまの私は、より多くの人たちと本の世界を共有したいなと思うようになりました。これまで、本を読んできた時間と体験がこんなにも特別で大切なものになったのは、自分の世界に閉じ込めて育んできたからだと思うので、後悔をしているわけではないのですが、もし子どものころから本のことを思いっきり話せる同年代の友だちがいたら、それも楽しそうだなぁなんて妄想してみたりして。

自分がしてもらったように、私も誰かに本を読む楽しさを伝えたいし、本の世界に飛び込むのをためらっている人の背中を押せるようになりたいです。それは、吉田先生をはじめ、これまで出会った素敵な大人たちが、私に本の楽しみ方を教えてくれたからです。

私自身は、絵本や児童文学の研究をしているわけでもなく、みんなが興味を持ってもらえるイラストを描いたり、アニメや映画を撮ったりすることはできません。

でも、子どものころから大人になったいまでもずっと子どもの本の世界の近くにいること、人一倍、本を楽しんだり本に救われたり、そうした経験がある私だからこそ伝えることのできる絵本や児童書の素晴らしさがあると思うのです。先輩方の背中はまだまだ遠いですが、これからも私なりに、私だからできる方法で、本を読むのって楽しいよってことを伝えていこうと思います。

非日常と日常が交差するとき

私は本を読むことも大好きですが、お芝居や映画を観ることも大好きです。

私が子どものころ、我が家にはテレビや漫画については割と厳しいルールがありました（好きなテレビ番組を見られるのは週に2つまでと決められていましたし、自宅には漫画がなく、特別なときしか買ってもらえませんでした）。でも、その代わりに特別なイベントには寛容なところがあり、人形劇やお芝居を観るために、劇場に連れて行ってもらう機会は、地方に住んでいる割には多い方だったかもしれません。そのときのその瞬間にうまれたものを楽しむというお芝居の楽しさは、はかない分、強烈なインパクトがありま

した。
本から得られる楽しみは日常の延長にあるものでしたが、劇場や映画館で得られるのは、その場所に行って帰るまでの時間も含めて、非日常の特別なエンターテイメントでした。

いまでも忘れられない観劇の思い出のひとつに、中学生のときに祖母と母と観に行った「リア王」（松本幸四郎〔現・松本白鸚〕主演・銀座セゾン劇場）があります。3人で東京にお芝居を見に行ったのは、後にも先にもこのとき1回だけです。

学校を休んで、日帰りで、松本から東京にお芝居を観に行ったということも含めて、とても特別な思い出で、母がチケットをとっているところ（当時は電話でした）、お出かけする日に着ていた洋服、劇場のあるビルのレストランで食べたもの、幕間に祖母とロビーでした会話など、あのときのことは細部にいたるまで、いまだにおぼえているくらいです。

それだけでも、忘れがたいのですが、これら以外にも、このときの観劇が特別なのにはふたつ理由があります。

ひとつは演目が「リア王」だったということ。「リア王」はシェイクスピアの四大悲劇のひとつで、嫉妬や裏切り、親子の確執……といったかなりドロドロとした内容。子ども用の演劇ではなくて大人向けの演劇でしたので、当時中学生だった私が観るには少しハードルの高いものだったかもしれません。

でも、私は小学生のころから偕成社文庫の『シェイクスピア物語』（ラム姉弟が少年少女向けにセレクトし書き直したもの）が愛読書のひとつで、それまで何度もくり返し読んでいたことを、祖母と母も知っていたため「まぁ、シェイクスピアならば連れていってあげようか」となったのかなと思います。シェイクスピアの作品がもともとは物語ではなく戯曲として書かれたものだと教えてもらってから、シェイクスピアのお芝居を観ることに憧れていたので、ほんとうに嬉しかったです。

自分が文字で読んで想像を膨らませていたものが、そのまま映像として見られるのではなく、その場で俳優が演じていくことで、物語が立体的になっていくことに感動して夢中になりました。また、お芝居を観た後に、本を読み返して反芻《はんすう》して楽しんだり、それまで読んでいた子ども向けのものではなく、思い切って完訳版にチャレンジしてみたり……これまで本のなかで楽しんできたものの枠が広がったような気がして、とてもワクワクしました。もしかしたら事前に物語を知らなくても楽しめたかもしれませんが、私の場合は物語を読んでいたからこそ、あんなに夢中になれたのだと思っています。

シェイクスピア作品は台詞がとにかく多くて難解なので、特に悲劇の方は苦手という人もいますが、私はこのときの経験のおかげで、シェイクスピアへのハードルがとても低くなりました。多少わかりにくくても、入り組んでいても、すでにストーリーがわかっていると、変に身がまえず純粋にお芝居を楽しめるような気がします。

とくにシェイクスピアの作品は、現代でもくり返し上演されているだけではなく、いろいろなお芝居のモチーフに使われたり、アレンジして使われているので、観劇をしていて「あ〜、子どものころからシェイクスピア物語読んできてよかったなぁ」と思ったことが何度もあります（この感じは英米児童文学におけるマザー・グースと似ています）。

そして、もうひとつは、これまで読んできた物語の登場人物たちの体験と、私自身の体験がぴったり重なったような特別な高揚感を味わえたということ。

『若草物語』のジョーや『赤毛のアン』のアンなど、本を読むことやお芝居に興味がある子が出てくるおはなしは少なくありません。そして、彼らが物語のなかで、ずっと憧れていたお芝居や音楽会、詩の朗読会などにようやく行くことができる……というエピソードが私はとてもお気に入りで、その部分だけをひろって読み返すこともあるくらいでした。

ジョーやアンとは環境はまるでちがうとはいえ、なにかに強く憧れる気持ちには、とても共感ができます。また、それが思いがけずかなったときのはじけるようなよろこびの感情は、読んでいるだけで幸福感が伝播《でんぱ》してきて、満ち足りた気持ちになれました。とはいえ、どんなに想像力を使って追体験をしたとしても、それはおはなしの世界のこと。時代も環境もちがいすぎるので、自分の生活のなかで同じような出来事がおこる可能性があるなんてことは、少しも考えてもいませんでした。絶対に自分が体験できなかったとしても、おはなしのなかの彼らと同じ感情を共有できるだけで、十分に幸せでした。

でも、実際に東京にお芝居を観に行くことになったときの私は、すっかりジョーやアンと同じ気持ちでした。少し背伸びして、お気に入りの服を着て、大人と一緒に劇場にお芝居を観に行くシチュエーションも高揚感も、これまで何度となく本のなかで経験したものとまったく同じでした。大げさすぎるかもしれませんが、そのときは私の人生のなかで物語の一幕のような体験ができることがあるんだ！　と興奮し、気分はすっかりジョーやアンになったようでした。物語のなかの世界と、自分の生活の一部がリンクしたようで、最高潮にドラマティックな気分でした。そのおかげで、ただお芝居を観に行く何倍も楽しめましたし、帰ってきた後も『若草物語』や『赤毛のアン』の、お気に入りの場面を読み返しては、自分の思い出と重ね合わせて幸せな気持ちを反芻《はんすう》できました。

このときのような体験は滅多にあることではありませんが、いまでも日常生活のなかでときおり「あ、これってあの物語のあのときと状況が似ているな」と思うことがたまにあります。そんなときは顔には出さないようにしていますが、頭のなかで登場人物と自分を重ねてみる遊びをこっそりしています。

午前中におやつを食べるときは、パディントンとお十一時をするつもりで用意したり、なにをやってもうまくいかないときは「今日はベッドのよくない側におりちゃったんだな」と自分に言い聞かせて（メアリー・ポピンズのマイケル）今日は気をつけようと心に誓ったり……ほんとうにささいなことですが、それをすると生活のなかに物語が組み込まれていくようで気分があがり、ささやかな楽しみにもなっています。

ふだんはあまり意識していませんが、これまで読んできた本が、私の毎日に彩りをそえてくれているのだと実感しています。

本を読むことってなにかの役にたちますか？

「本が好き」＝「勉強ができる」そんな思い込みをしている人って意外と多いような気がします。実際のところはそうでもない……と多くの本好き、と

くに物語が好きな人たちは思っているのではないでしょうか。私が子どものころ、本を読んでいるだけで、なぜか「ひとりで大人しく本を読んでるなんてえらい」「勉強していていい子だね～」とよその大人に褒められたりすることがときどきありました。子ども心になんにも特別なことをしていないのに褒めてもらえることが、くすぐったいような申し訳ないような、なんともいえない不思議な感覚でした。

成長するにつれて、今度はそんな言葉を投げかけられると、得体のしれないプレッシャーをかけられたような感じがするのと同時に、同年代の友だちから「真面目でおもしろくない」と思われているような気がして、困惑する気持ちの方が大きくなっていきました。

私にとっては読書が勉強だったことなどなくて、ずっとただの娯楽のひとつでしたし、生活の一部でもあったので、特別なにか意味のあることではなく、ほかの人から見たら本を好きだということが別の意味を持ってしまうことが、とても窮屈でいやでした。だから「真面目でつまらない子」って思われないために、自宅で読む本と、外で読む本を変えてみたり、みんなの話題に合わせられるように流行っている本をスーパーの本屋さんで立ち読みしたり……我ながら涙ぐましい努力をしていたものです。いまとなってはそれもほほえましい思い出として笑い話になっているのですが、いまだに私は、「本を読むことができる＝勉強ができる」は大きな誤解なんじゃないかなと、どこか釈然としない気持ちがあります。

私は子どものころ、本を読むことが苦痛だったことはほとんどありません（まったく興味の持てないおもしろくない文章を、授業や宿題などでしぶしぶ読まなくてはいけない場合などをのぞけば）。確かに本を読んでいると、文字や文章に触れる機会が多いので、自然と文章を読むのが早くなったり、語彙がひろがったりすることはありました。でも、だからといって学校の勉強がすごく得意だったというわけでもありません。実際、私が学校で「本を読んでいたことが役に立った」と思ったのは、文章を読むことに慣れていたり、教科書に出てくる難しい漢字を読めたこと（読めるだけで書けはしない）くらいです。私は本から、たくさんのことを教えてもらいましたけれど、それは直接勉強に役だつことではありません。

でも、本を読めばいろいろな考え方や感情や経験を追体験することができます。

ページを開けば、到底行くことのできない国や時代に行くことができます。会うはずのない人に会い、見たこともない場所で冒険をはじめることができます。物語のなかで起こることは、過去の自分と重なることがあるかもしれませんし、未来の自分が体験することかもしれません。

自由にいろいろな体験ができるという意味では、なにかしら学べるものもあるでしょうし、ひょんなところから知識欲を刺激されることもあるでしょう。そこから、好奇心の芽が育っていくとしたら、それはとても素敵なことですよね。そういう「知りたい」という気持ちが学ぶことにつながると考えるのであれば、それが勉強へ発展していくことはあるのかもしれません。でも、それが目的となってしまったら楽しくない気がします。やっぱり、まずは自分の楽しみのひとつとしての本があったらいいなと思います。

いまから考えてみると、もしかしたら私に「おとなしく本を読んでいてえらいね～勉強好きなんだね」と言葉をかけてきた大人たちは、本好きではなかったのかもしれないなって思うのですが、どうなのでしょうか？　それとも、褒めて伸ばそう！　と思ってくれていたのかしら⁉　自分も本を読むことが好きで、それがどんなに楽しいことか知っている人は安易に「本を読んでいるからえらい」とは思わないような気がするのですが……。

真相はやぶのなかですが、大人になったいま、私は本好きな子に出会ったときは「えらいね」ではなく「本好きの仲間ができて嬉しい！」という気持ちを全面的に伝えることを心がけています。私も子どものころは、褒めてもらうよりも大人と好きな本の話ができるほうが、安心できて嬉しかった、という記憶があるからです。

本を読むことは勉強に有効かどうかは私にはわかりませんが、これだけははっきり言えます。本を読むと人生が豊かになりますよ。

ただいま奮闘中―新聞連載のこと―

最近の私は、信濃毎日新聞と、朝日小学生新聞で子どもの本を紹介しています（2024年現在）。

どちらも、それぞれにちがった大変さがありますが、とくに、月1回の信濃毎日新聞の連載では写真と文章の両方を担当しているので、毎回とても苦労しています。とても難しくはありますが、新しい角度から本のことを考えることができて刺激をもらっています。

新聞という媒体の特性上、特段本に興味を持っていない人にも読んでもらえる可能性があります。とてもいい機会をいただいたと思って、記事で紹介する本に興味を持ってもらうのはもちろん、本を読むことを身近に感じてもらえたらいいなと考えて取り組んでいます。

そのために、まずは紹介した本がどんなふうに見えるのかということに、とても気を配っています。

信濃毎日新聞はカラーの記事が多いことを誇る新聞ということもあり、私の連載の写真も、ありがたいことにカラーの記事となっています。

新聞のなかでカラーの写真とともに本の紹介ができるということは、実は意外と貴重な機会。私はプロではないので写真についてはまったく自信がありませんが、自分が紹介する本を好きだという気持ちが伝わるようにということだけを念頭に置いて、読んでいるからこそ知っている魅力や雰囲気が少しでも伝わるように、読書に興味がなくても目を留めてもらえるように、と奮闘しています。

表紙のデザインのような「ビジュアル」も、本にとってはとても大切な要素のひとつ。内容がどんなにおもしろくても、それは読んでみないとわからないことなので、ふだんあまり本に親しみのない人に、ぱっと見て「いいな」とか「読んでみようかな」と思ってもらうことは重要なポイントのひとつだと考えています。「今月はこの本を紹介しよう」と思って選んだ本のなかには、そのまま写真映えするようなきれいな本もありますが、とくにロングセラーのなかには、読んでみたらとびきり楽しいおはなしなのに、見た目でちょっと損をしているなぁと思う本もあります。内容を知っていれば気にならなかったり、かえって愛着が増すこともありますが、やっぱりまずは手にとってみようと思ってもらわなくてはいけません。

かといって、撮影用に表紙や装丁を変えられるわけではないので、お花や小物の力を借りておはなしの世界を感じられるように、そして少しでも興味を引くような見せ方ができるように工夫しています。まずは、視覚的に素敵！　かわいい！　と目に留めてもらえたらラッキー！　とにかく興味を持って読みはじめてもらうことが重要なので、そのきっかけを作りたいのです。素人なので至らないところだらけですが、新聞を見て「写真もあわせて楽しみにしている」「本がかわいく見える」と言って来店してくださる方もいるので、少しは私の意図が伝わっているのかなぁと、励みになっています。毎月、連載記事を読んで、そこから想起した俳句を作って送ってくださる方もいらっしゃるんですよ！

エッセイを書いたときは、主に私自身が実際に子どものころに読んできたおはなしを取りあげるようにしていましたが、この新聞連載ではそこから範囲をひろげて、大人になってから読んだ本からもピックアップしてご紹介しています。

その理由は、私が子どものころには出版されていなかった本のなかにも魅力的な本がたくさんあること。また、自分が大人になってから出会った本は、私にとっては、慣れ親しんだロングセラーの本に比べるとまだ若干の距離感を感じるものではありますが、はじめてその本に出会う子にとっては、それは関係ないことだと気づいたからです。新刊でも名作でもはじめての本を読むときの毎回ソワソワする感じは変わらないと考えて、あえてロングセラーと新刊を織り交ぜるようにしています。

新刊本を選ぶ際のポイントは、読んだときに「この本に子どものころに出会いたかったなぁ」と思ったものを選ぶということ。精神年齢があまり成長していないせいか、好みが一貫しているせいか、そんなふうに選んだ本を並べてみると、不思議と違和感がありません。ロングセラーはこれからも読みつがれていってほしいし、新しい本はこれからロングセラーになってくれたらいいなという気持ちです。

連載をしていて、なんといっても嬉しいことは、記事を読んだ方々の反応をいただけることです。記事を見て、お店に本を買いに来てくださったり、本を読んだ感想をもらえるのは、ほんとうに嬉しいです。実際に読んで「おもしろかったよ！」なんて言われたら、私自身は作者でも編集者でもないのに勝手に誇らしい気持ちでいっぱいになります。私の連載は「ユースてらす」という信濃毎日新聞のなかでも若い世代向けの紙面に掲載されているので、小学生も読んでくれていて、実際にお手紙や感想文をくれた子もいます。

2023年7月の回では『ふしぎをのせたアリエル号』（リチャード・ケネディ作／中川千尋訳・絵／徳間書店）を紹介しました。このときは「夏休みも近いし、じっくり読める王道ファンタジーを紹介したい！」と思って、すぐに思い浮かんだのがこの本だったのです。

「ふしぎ」がたくさんつまった冒険物語で、マザー・グースも聖書もシェイクスピアも散りばめられているという読み応えのあるおはなしで、私も夢中になって読みました。

読みすすめるにつれ、どんどん物語に引き込まれていくとってもスリリングな展開なのですが、なんと661ページもあり、約4・5センチという分厚い本なのです。持ち運びもしやすく、読みやすいソフトカバーの本が流行っているなか、果たしてこの迫力ある一冊を手にとってもらえるだろうか？　と正直、少し悩みました。でも、こういう分厚い本を読み終えることができたら、その経験が自信にもなるだろうなという思いもあり、思い切って取り上げることにしたのです。

文章の方はもちろんのことですが、このときはいつもに増して「なんといっても最初の印象が大切！」と写真撮影に気合いが入りました。毎回撮影に協力してくださるフラワーアレンジメントの先生が、本の表紙を見てこの本の世界にぴったりの青い海のような色合いの「水のブーケ」を用意してくれました。これが本のイメージにぴったりはまり、このときは自分でもお気に入りの写真が撮れました。そのかいあってか、この新聞記事の掲載の後に、お店にこの本を買いに来てくださる方が何人もいました。

そんなお客さまのひとりMさんのお孫さんが、本を読んで感想を伝えてきてくれました。もともとMさんが新聞を読んで、自分で読むつもりで買った本を置いておいたら、お孫さんが読みはじめて……最後まで読み終えた後に、ふだんはあまり文章を書くのは好きじゃないのに感想文を書いてくれたとのことで、それを送ってくれたのです。「そうそう！　私もそう思ったよー！」と言いたくなるような、とても素直で素敵な感想を伝えてもらって、とてもはげまされました。そして、やっぱりきっかけがあって、読みさえすれば、本のおもしろさって伝わるんだなぁと実感できて、元気をもらいました。

その後も、Mさんのお孫さんは連載を読んでくれているようで、Mさんがお孫さんのリクエストで私が紹介した本を買っていってくださいます。

また、偶然にも朝日小学生新聞と信濃毎日新聞の両方を読んだという小学生の男の子Aくんから、お手紙をもらったことも、とびきり嬉しかったことのひとつです。記事を読んだだけではなく、誰が紹介しているのか名前を確認してくれたということですものね。連載がはじまったころは「これは、誰か読んでくれているのかな？」と少なからず不安だったので、Aくんのお手紙に元気づけられました。Aくんはその後ご家族でお店にもきてくれて、私からもお手紙を書いたり、おすすめした本の感想を教えてもらったりと、ささやかな交流が続いています。

まだ、2人とも実際に会ったことはないのですけれど、本や手紙を通じて小学生の本好きの仲間ができたようなつもりでいます……図々しいかな？でも、私はそのつもりです。

自分が子どもだったときのことを考えると、見ず知らずの大人に手紙や感想を送るのはとっても勇気がいることだと思うので、そのハードルを越えて伝えてきてくれたことが嬉しくて、エールをもらったような心強さを感じています。

連載を読んでくれている子どもたちにとって、私自身も本好きの仲間のひとりだと思ってもらえるようにがんばります。

本を子どもに手渡すということ

百々佑利子（翻訳家）×越高綾乃

《百々佑利子さん：東京生まれ。翻訳家。神奈川大学教授、日本女子大学教授を歴任。訳書『クシュラの奇跡——140冊の絵本との日々』は1984年の刊行から読まれ続けているベストセラー。『5歳から8歳まで——子どもたちと本の世界』『子ども・本・家族』（以上、ドロシー・バトラー著／のら書店）ほか、『カンガルーには、なぜふくろがあるのか——アボリジナルのものがたり』（岩波書店）など、英米豪の文学書、絵本を多数翻訳。著書に『キーウィと羊と南十字星——ニュージーランド紀行』（あかね書房）、『児童文学のなかの母親』（くもん出版）、『児童文学を英語で読む』『星ぼしでめぐるギリシア神話』（以上、岩波書店）など。》

越高　本日はありがとうございます。先日、百々さんの講演会の後に先生がご家族でお店にいらしたさいに、ゆっくりお話しする時間がありました。そのときに私の書いているものへの感想をいただいて、背中を押してくださり、とても嬉しかったです。また、百々さんの翻訳に対するお話や子どもの本に対する想いをうかがえたのですが、ちょうど、今回の本に取りかかっているタイミングで、私が書きたいなと思っていることを後押ししてくださる内容でした。そこで、ぜひ百々さんの言葉を、読者のみなさんと共有できたら素敵だなと思ったのです。どうぞ、よろしくお願いいたします。

百々　いえいえ、そんな、私はなんにもできませんし、越高家の皆さまに感謝申し上げたくてうかがいました……石井桃子先生や松岡享子先生がいらっしゃらなくなって、その教えをいただいた方たちがご活躍なさって子どもたちに本を読む楽しさやしあわせを手渡してこられた、そしてまた、綾乃さんのような若いジェネレーションの方が声を出してくださる。私はもう年ですから、皆さまの背中を押したいという気持ちだけで今日はうかがいました。

綾乃さんの『絵本のつぎに、なに読もう？』というご本のタイトルのひびきは軽やかで、だから手に取りやすい本なんですけど、「絵本のつぎになにを読もうか？」というのは、実は深刻な問題かもしれません。「絵本で読書が終わる子ども」もいますので。

軽井沢で、認定こども園母の会の真崎みよ子先生主導のミニバザーで本の販売をお手伝いしたときです。中学生くらいの子どもさんが、本を手に取り、「あ、文字だけ」と言って戻しました。本の屋台に来たのだから、本への関心はある。もしかしたら、絵本から先に進んでいないだけかもしれない。そうだとしたらもったいない、長い明るい未来にたくさんの本を伴走させてほしいなと思いました。ですから、綾乃さんの著書のテーマになりますが、「絵本からつぎの読書につながる」ことが重要なのです。

『クシュラの奇跡――１４０冊の絵本との日々』で紹介されているのは絵本ですけど、クシュラは同時に詩集もたくさん読んでもらっています。詩集にはちょっとしたカットはありますけど、説明の絵はあまりありません。言葉だけで綴られる芸術作品に、小さいときから彼女も彼女の妹も接してきました。絵本はもちろん素敵で、大事です。言葉だけで物語の世界を頭のなかに描いていくのは絵本からはじまる物語体験をもとにして起こる、生じる作業です。

『絵本のつぎに、なに読もう?』が出たときには、「このテーマが取り上げられた」と思いました。

越高　児童文学って、ある程度大人になってから出会っても十分に楽しめるものが多いと思うのですが、幼年童話のおもしろさを本当に存分に楽しむためには、子どものころに出会えるかどうかということが大切な気がしているのですよね。「読み聞かせてもらうのと自分で読むようになる過渡期の読書」というか……それをどんなふうに伝えることができるのか、子どものころの記憶をひっぱりだして、自分がどう楽しんだのかをなるべく伝えられるようにと思い、そこは苦労したので、百々さんにそんなふうに言っていただけるとほっとします。

✤吉田先生と園児たち

百々　私は、吉田新一先生の後任として日本女子大学の児童学科で教えていました。学生は幼稚園と小学校の教諭の免許を取るために実習が必要で、その実習先のひとつが浦和母の会幼稚園(当時)でした。そこへは吉田先生と、後任の私もですけど、学生たちがつつがなくご指導を受けているか見にいくんですね。吉田先生はこの幼稚園訪問を楽しんでいらっしゃいました。

越高　ええ!　そんなことがあったのですね。吉田先生が幼稚園にいる姿があまり想像できません。

百々　吉田先生は、カメラを必ず持っていらした。学生のようすを見なくてはいけないのですけど、絵本を子どもたちが見ているその間を飛びまわるようにして写真を撮っていらしたそうです（そこの幼稚園はすごく充実した図書室があるんです）。そして、子どもたちと一緒に座って絵本を開くと、前のページになかったものが次のページにあるとか、そういったことを子どもたちが吉田先生に教えてくれたそうです。優れた（「優れた」は平凡な表現で申し訳ないですけど）画家さんの絵によるメッセージは子どもに伝わるんですね。文章のなかには示されていないけど、子どもはちゃんと見つける。毎日絵本に親しんでいるからこそですね。吉田先生はそういう発見に成功していらしたと思います。そしてその写真を園に送ってくださったそうです。

越高　私が全然知らなかった吉田先生の一面です。大人に向けてお話されているところしか見たことがなかったので……子どもがいかに絵本を注意深く見ているかというお話を、よくされていらっしゃったのには、そういう実体験があるからなのですね！　とても納得できました。

百々　日本女子大学にも教職員の子どものための保育所があり、児童学科の教授が大学側の責任者になります。おひな祭りとかこどもの日とか七夕とか、美味しいごちそうが用意されて、子どもたちと一緒に吉田先生も子ども用のちっちゃい椅子に座って、写真を撮りながら参加されたんですね。いまは経営に企業が入って、そのころとはちょっとちがうんですけど。当時は学内のささやかな建物でした。吉田先生が子どもたちのために、研究室にあった絵本を持ってきて子どもたちと一緒に読んだり子どもが読んでいるところを撮影なさったりしていた、とうかがっています。私は吉田先生とすれちがいな

ので、直接お話をしたことはないのですが。
越高　そうなんですか⁉　それも知りませんでした。
百々　吉田先生のご著書はもちろん読んでいましたが、吉田先生が女子大を離れられてから、子どもたちと絵本にかかわるエピソードをうかがいました。吉田先生は子どもたちが本を読む姿を研究者としてもこまかく観察していらしたのですね。
越高　そうでしたか。その後、おふたりの交流がうまれたということでしょうか？
百々　そうですね、日本女子大学は68歳で定年です。その2年後に古希を迎えられる。吉田先生が選ばれた院生がふたりいたのですが、その人たちを中心に児童文学の研究会を続けていて、みんなで軽井沢の吉田先生のお家へお祝いにうかがいました。吉田先生もよろこんでくださって、全員に軽井沢彫のペン皿をくださいました。

✤子どもに本を手渡す

越高　本を子どもに直接紹介できる大人って意外と限られていますよね。当たり前に本に親しんできた人でも、その楽しさを子どもに伝えるのは難しいものなのだなということを、最近とくに感じています。
百々　そうですよね。吉田先生も私も学生たちに言っていたのは、子どもたちは本を通じて物語体験、多彩な異文化体験をする、ということでした。子どもは皆「しあわせになる」と本能的に思っている、その権利を尊重してもらって育つということ。それから、物語を語ることは、愛情からうまれる行為です、ということも児童学科ではくり返して伝えます。

　吉田先生は、子どもが本と向き合う幸福な時間に、なにを求めているかということを、豊富なご体験のなかで理解なさって、それをご著書に書いてくださるので、読者は目を開かされます。もし吉田先生の本が入手できないのであれば、先生の知見を綾乃さんが引用するかたちででも紹介してくださったらと思います。

越高　子どもの本のことや、児童文学に興味を持った人が、すぐに吉田先生の本と出会うことができればいちばんいいのだと思うのですが、いまはそういう本が出ているのを知らない人もいますよね。

　これまでは、私もそうですけれど、吉田先生の話をもっともっと聴きたいという人が、「吉田先生がどんなふうに本を読んでいるのかを知りたくてご著書を読む」ということが多かったのだと思うのです。子どもに本を手渡すのと一緒で、興味を持った人に対してその本を手渡す手助けが必要なのかなと思っています、なかなか難しいことではありますが。

　私は専門的に児童文学を勉強したとか、児童心理に詳しいとかというわけではなくて、ただ本好きなだけなのですけれど、「特別な人じゃなくてもこんなに楽しめるから、みんなにその素養があるんだよ」ってことを伝えることができたらよいのではないかなと思うのです。だから、そのヒントをどこかで見つけることができないだろうかと模索しているところです。

百々　それは吉田先生のご本のなかにあると思います。

✤本好きのお孫さんを見ていて

越高　そうですね！　吉田先生が本のなかで語られていることが、もっとみんなに伝わるようなことをなにかできればいいのですが……。

　話は少し変わりますが、百々さんのお孫さんたちのなかでも、この前、百々さんと一緒にお店に来てくれた13歳のお孫さんがとくに本が好きとおっしゃっていましたよね。

百々　いま孫たちは東京の私の家に住んでいます。家には児童文学や科学の本がそろっていますので、古典や名作は読もうと思えば本棚にあります。本屋さんに行って、新しい本に出会えて買ってもらえるのはとっても嬉しいらしいです。上の子の将来の夢は本屋さんだそうです。

越高　お孫さんたちの本の読み方を見ていて、「子どもと本」の関係はむかしとはちがうと感じられますか？

百々　読み方は、むかしの自分を見ているようですね。部屋のすみでもどこでも読み出したら動かない。暗くなっても灯りをつけない。「ごはんよー」って声かけられても、耳に入っていないこともあります。

越高　でも、本の世界にそれだけ集中できるってこともすごいことですよね。ほかにもいっぱい誘惑があるなかで。

百々　いつまでも読んでいたいっていう感じですね。勉強のためよりは、自分の心が求めているものを探索しているみたいです。

越高　わかります。わたしも子どものころは、おもしろい本を読みはじめたらなかなかやめられなくて。早起きは苦手でしたけど、少しでも早くお話の続きを読みたくて、早起きしてこっそり布団のなかで本を読んでいることがしょっちゅうありました。
　朝早く、薄暗いなかで本を読んでいる私に、その後から起きてきた両親はよく驚いていました。いまでも母は、朝起きたらクフクフ笑いながら一人で本を読んでいる私の姿を思い出すとよく話しています。
百々　読書の英才教育（そういう言い方をしてよければ）を受けてこられた綾乃さんとは、読み方がちがうかもしれません。孫は『トムは真夜中の庭で』を読んでいたかと思うと、つぎの日は一般向けのノンフィクションを読んでいたりします。人気の作家の本はもともと私の本棚にはないからお小遣いをもらったときに買って読んでいます。
越高　英才教育なのですかね？　子どものころはそんなふうに思ったことはなかったですけれど、手を伸ばせば読みたい本がたくさんあって、両親も時間があれば本を読んでいたような家庭環境だったので、ほかの人から見るとそう思うのかもしれませんね。

✤他メディアより前に出会う

越高　お孫さんたちは、本以外のテレビとかYouTubeとか配信動画とかそういったものには興味を持っていないようですか？
百々　そうですね、スマホを持っていないので、そういうものに割く時間は少ないと思いますね。ただ、学校からコロナのときに一人一台ずつタブレットの貸与があり、それでYouTubeなどを見ていたようです……それでも紙の本を読む時間は長いですね。

越高　そういうものに、どっぷりはまるより前に本のおもしろさを知っていると、バランスよく楽しめるということなのかもしれませんよね？

百々　幼いうちに本と仲良しになれたらと思いますね。

越高　先手必勝ですね。私は自分の子どものころに、そういう機器がなかったから、自分のなかに確固たるエンターテイメント一大巨頭として本が君臨していました。スマホやYouTubeなどが出てきたのが大人になってからなので、そういったものと本が競ったときに、子どもがどういうふうになるのか、ちょっと自分のなかでは実感としてわかっていないのです。でも、いまお話をうかがって、やっぱり先に、そのおもしろさを知っていれば本に戻ることができるのだな、と思いました。安定して楽しめるものですし、いつでもそこにいてくれますね、本は。

百々　そうですね。

越高　絵本から読み物につながるっていうところは、お孫さんたちの場合はどんなふうでしたか？

百々　本と本棚があって自然につながることもあるのではないでしょうか。私は子どものころに、自分のために本を買ってもらうことはなかったけれども、大きな分厚い本が積み木の代わりになるくらいあって、「本を踏んではいけない」と言われますけど、本で家や階段を作って姉弟で遊んでいました。参考にならない扱い方ですね。けれど、本は「読む」だけでなく、物理的にも「遊び」に使えて、子ども心に「楽しみをくれるのは本だ！」と思っていましたよ。本は最高の友人で、辞典類のあいだに小さな藤村の詩集を見つけたり。

孫たちは書店や図書館によく連れていってもらい、それは「楽しいことを経験できる」チャンスととらえている感じです。とはいえ、ふつうに外遊びや音楽やゲームも楽しんでいますよ。

私は綾乃さんにとても親近感を持っているんですけど、綾乃さんも本棚と本棚の間でお育ちになったでしょう。

越高　とにかくやることがなくなったら本棚の前にいくって感じでした。

百々　そう、私、お手伝いなどもしなくて、母に怒られたんですけど、悲しい気持ちになっても、本の世界に入っちゃうとそれがすっと消えちゃう。反省とか熟考の機会をのがしていたかもしれません。

✤本という媒体、そして、物語について

百々　本も人類の歴史から考えれば、そんなに長い年月あったものではないわけですね。源氏物語を筆で書き写したりしていたことはあったとしても、本が大量生産されるようになってから考えると500年ほどです。その歴史が消えるのかというのは、自分のなかではリアリティがないですけど。古い人間だからでしょうか。

本のなかにあるのは「物語」です。すべてが「物語」ですね。物語性は、電子機器が発達しても不変です。あらゆる資料をAIに習得させて、たとえば絵本の歴史について論文を書きなさいと指示したら書いてくれます。そのことを振り返って見ると人間がAIというものを作り出し、あらゆる情報を取り込むように御膳立てする、資料を取り込んだらまた指示に従ってA

ーが組み立てる、その活動自体、「物語」です。いつの時代でも、常になにか新しいものが現れたら、そこに至るまでに物語があるし、その物語のいちばんの原型がむかし話、神話など口伝の話にありますね。そして、わずかここ数百年で本が大量生産されるようになってきて、私たちはくり返しくり返し本を読むというかたちで物語を楽しんでいる。そのことを意識するためにも、たくさんの素朴な物語から読んでおくことが大切だと思います。

越高　それが子どもの本ということですよね。

百々　そう。物語は、子どもをしあわせにします。大人についてもそれは同じですけれど、いまはしあわせの定義が混乱した大人が多く、AIーで賢くなったことを幸せと思う大人もいますよね。そうならないうちに子どもたちには本に親しんで、言語／自己表現をみがいてほしいと願っています。

さらに、吉田先生のような大人がそばにいることが読書人生のために大事だと思います。

越高　そうですよね。もちろん、みんながみんな吉田先生のようにはなれないけれど、そばにいる大人が一冊でもいいから自分が語れる本を持っていたらいいですよね。「私はこの本のここが好き、あそこが好きだった」というように、その本のよさを一人一冊でもいいから語ってくれれば、それがつながっていくのではないかなと思います。

✤柔軟な子どもたちへ

百々　思春期を迎える子どもには、自分が主人公になっているような物語が、ゆれる心を支える、希望の灯を見せるというのか、本にはそういう役目があることもわかります。

越高　子どものほうが案外器用で、自分のなかでバランスをとれますよね。

　でも、これは私の持論なのですけど、先に「いまの気分の本」だけを読んでしまうと古典には戻るのは難しいと思うのです。やっぱり最初にスピーディなものに慣れてしまうと（もちろん、戻れる子もいないわけではないと思うのですけれど）、古典のよさに気づくまでになかなかに根気がいるような気がしてしまって。

百々　おっしゃる通りだと思います。

越高　子ども自身は柔軟だから、うまくやればバランスはとれると思うのですね。だからこそ、まずは幼年童話とか児童文学に親しむってことが大事だと思っています。なんとか、タイミングよく手渡せるようにしてもらえたらといいなと思うのですよね。

百々　子どもの身近にいる人や先生が「最高のもの」と思うものを手渡すのがいいと思います。客観的に、何百万冊あるなかでこれがいちばん、とかそういう意味でなく。ある社会の枠組みのなかで生きていく途上で、自分を優しく愛情深く包み込んで育ててくれる人たちが「これはいいよ」と思う本を、ごく幼いときに味わっておくことがものすごく大事かもしれません。

　私はどちらかというと自分の子どもや孫たちに海外のものばかりをすすめていたように思います。海外は、ワンステップ向こうにあるせいか、時間の流れが〝古い〟という感覚と結びつかない。それで、いま日本の現代の方が書かれた物語を、私は孫たちを通して読んでいます。あぁ、こういう作品があるのだ、と新鮮な思いで読んでいます。

越高　わかります。とくにすすめられたってわけではないのですけど、私も自宅の本棚には圧倒的に翻訳絵本や海外児童文学が多かったので、小さいころに読んでいたのはそういうものがほとんどです。逆に日本の作品には疎くて、有名なのにまったく読んでいないものも多いし、大人になって触れたものもいくつもあります。

✤翻訳家としての仕事を通して

越高　百々さんは、絵本や物語をいくつも翻訳されていらっしゃいますよね。翻訳家って、作家と読者をつないでくれる重要な役割を担っていると思うのですけれど、「子どもに本を手渡す」ということについて、児童書翻訳家としてのお仕事を通してはどのようなことを意識されておられますか？

百々　私自身は、図書館員や書店の方や学校の先生のように、直接、大勢の子どもたちに本を手渡す立場ではなく、手渡す方に編集者の力をお借りして本を届ける一介の翻訳者です。訳しながらその物語に飛び込んでしまうことがあります。昼間は勤務で忙しいので、ほとんど夜中から明け方に翻訳作業をしたわけですが、ある物語を訳しているときに、もう泣けて泣けて、泣きながら家のなかを歩きまわっていたことがあります。ただ、原著者が泣いていないかもしれないのに訳者が冷静さを失ってはいけない。そこをコントロールしてくださるのが編集者でした。そういう意味でほんとうに編集者には恵まれていたと思います。

子どももやっぱりどうなんでしょうね、物語を読んで泣いたりすることありますか？

越高　私はめちゃくちゃ泣くタイプで、ときには泣きすぎて鼻血を出すこともあって、祖母に「泣きすぎるからもうこれ以上読まない方がいいんじゃないの」ってあきれられていました。

百々　そうですよね。人間の本質は変わらないですね。

✤古典から続く流れ

百々　話は変わりますが、現代のジュニア向けの物語には、虚勢をはっている主人公が多いですね。

越高　たしかにそういう傾向はあるかもしれませんね！　それに、これは偏見なのかもしれませんが、あんまり主人公の感情を書き込まない作家さんが多いような気がしています。

少し前までは、物語を読んでいると主人公の感情の機微……微妙なとまどいやためらい、激しい怒りなどが、ダイレクトに伝わってくるお話が多かった気がするのですが、最近のものはわりと、各々に委ねるようなかたちのものが多いのかなと感じています。

百々　古典から続く流れを、現代の作家が再発見し、新しい光を当てる、その才能はすばらしいと思います。たとえば、私はピッピの物語が大好きですけれど、ピッピの力、強い生命力にあふれた、ときにはちょっと乱暴なところもある素敵な女の子っていうのは、現代の作品にも描かれます。

それから『不思議の国のアリス』のアリスのように、狂気、マッドネスが平常の世界で、絶対的に左右されないで自分を保ち続けている現代文学の主人公もいます。テーマが異なっても、「これはギリシア神話が元になっている」とか「これはあのイギリス児童文学を元になっている」とかと思われることがあります。人類が物語を語り続けてきた証です。いまの物語とむかしの物語が別個のものと考えなくてもいいと思います。また戻っていくかもしれないし。

✤そこに本があれば

越高　そうですよね。新しい作品が出ることももちろん大切なのですけれど、古典とされている作品やこれまで読みつがれてきた児童文学なども、出版社の人たちが諦めないで出し続けてくれるというのが理想ですね。なくなってしまったら出会う機会も、再会する機会もなくなってしまうけれど、本があるかぎりは、そこに戻っていくこともあるかもしれない。もちろん、在庫の問題など難しいことは百も承知なのですけれど、やっぱり残してほしい本というのがあります。

百々　綾乃さんの子ども時代からいままでの、わずかな時間のあいだに本が消えてしまう、残念な現実ですね。出版社から書店の本棚へ、動きが途絶えれば、新しい読者を獲得することはなく、その本は出版の歴史のなかに留まるだけです。綾乃さんが提起なさっている問題は、本についてのさまざまな議論をはらんでいます。

越高　いま、新聞の連載で児童文学作品を紹介しているのですが、どんなに自分が好きで紹介したいと思っても、すでに出版されていないものがたくさんありすぎて、もうどうしたらいいのだろうって思います。この本もあの本も、もう新たな読者と出会うことはないのかなぁと思うとすごく悲しくなってしまいます。

百々　それは、図書館の役目では？　図書館が備えているという希望はありますか。

越高　図書館に行きさえすれば書店では買えなくなった本にも出会える、という状態になっていれば少し安心できますよね。でも、蔵書として図書館にあったとしても、書庫に入ったままだとしたら、なかなか新刊以外の本と出会える機会はなくなってしまいますね。書棚にどんな本を並べるのか、それは司書の方次第ということにもなりますし……。

百々　そういうことですね。予算や物理的制約もあります。〝図書館文化〟を支える社会への議論が求められていますね。

越高　稼働率などもあると思いますけれど。子どもの本はそういったところはちゃんと担保していただけるといいのですが。

百々　ほんとうにそう思います。日本の子どもたちの前には、世界じゅうから集まった本の、充実した本棚があります。ここに手を伸ばす動機が与えられないのはもったいないかぎりです。むかしは新聞も児童文学作品を紹介するスペースを確保していたと思うんですが……少子化のせいですかね、少なくなりましたよね。だから、綾乃さんの連載をしている信濃毎日新聞はすごいですよ。

越高　それは、編集担当者の方が、子どもの本に興味を持って、大切にしようとしてくれているからだと思います。

百々　日本の国内では、とくに子どもの本に関心のある人の努力におんぶしているところがすごくありますね。

越高　信濃毎日新聞は大人も読む紙面のなかに「ユースてらす」というジュニア向けの紙面を作っているのです。大人も子どもも一緒に読める紙面で大きく子どもの本の紹介ができるというのは、貴重なことだなって思います。実際に子どもも大人も読んでくれているので……。担当の方が、子どもの本の可能性を信じてポジティブに捉えてくださっているのが、ありがたいです。子どもも大人も一緒に読むことができるのも、子どもの本の魅力のひとつですし、家族のなかで本を読む時間が自然とできたりしたら理想的だなぁと思います！

好きなものの話になると、どうしても自分と同じ熱量を求めてしまいがちですが、もっとずっとライトな感じでいいから、興味を持ってくださる人が増えることが大切なのかもしれないと新聞連載を通して実感しているところです。

（2024年7月4日　軽井沢にて）

＊

今回、百々さんとお話をしているあいだに何度も「わかる！」「私もです！」「同じです！！！」となった瞬間がありました。本の感想や、本とのかかわり方についての話題のときだったのですが、一気に百々さんとの距離が縮まった気がしました（私の一方的な解釈ですが）。百々さんとゆっくりお話しするのは今回が2回目ですが、好きな本が同じだったり、ひっかかった部分や気になる箇所が同じだったり、本を読んでいるときの環境が共通していたりするだけで、本の話をしているときは、おたがいがその本を読んでいる年齢のころから知り合いだったような気持ちでお話しすることができて……年代や立場、それぞれが読んだ状況はちがっても「本」が、私たちのあいだをつないでくれたと感じられて、とても嬉しかったです。これもまた、子どもの本の魅力のひとつではないでしょうか。

　今回のやりとりのなかで百々さんが「日本の子どもたちが、『のびのびと遊び、悩みや心配や問題を大自然のなかで解決していける』ように、せめて物語のなかで、登場人物たちとともに豊かに体験をしてほしいと、願いながら訳すこともあります。本は遊び、遊びに必要なものは、時間。そして自然と友だちがかたわらにいれば最高の子ども時代になるでしょう」とおっしゃっていて、本当にそのとおりだなと思いました。

　最近は、自然が身近にある暮らしができる人は限られているかもしれませんが、それでも本を開けば、そこでは自然のなかで思う存分、自由に遊ぶこともできます。物語に身を委ねることで、できる経験が無数にあるのです。ほかにも楽しいことはたくさんあるかもしれませんが、あの楽しさは、ぜひ多くの子どもたちに体験してほしいものだなと、あらためて思っています。

（越高綾乃）

おわりに

　子どものころに経験した、初めてのお話を読むときの期待に胸がいっぱいになる感覚は、いまでも忘れられません。あの独特なそわそわした気持ちは（大人になったら絶対に味わえないというわけではありませんけれど）子ども時代の特権だったような気がしています。私が子どものころは、いまのように情報が簡単にすぐ手に入る時代ではなかったことも関係しているかもしれませんが、少し長めのお話や複雑な展開のお話を読むときに、なんの知識も情報もないままにお話にくらいついていくのは、自分自身が物語の主人公になって冒険に出かけていくような感覚だったのかもしれません。あんなふうに無我夢中になるという読書体験は、やはり子どもだったからこそできたもののような気がします。

でも、だからといって物語の世界を冒険することは、子どもだけの特権ではありませんよね。どんなに大人になってもお話の世界に身をゆだねて楽しむことができるというのは、本の素晴らしいところのひとつです。私がそのように思えるようになったのは、それぞれの作品に普遍的な魅力があるからなのはもちろんのことですが、それだけが理由ではなくて……絵本や物語を楽しんでいる大人が身近にいたこと。そして、よりひろく、深くお話の世界を楽しむ方法を教えてくれる人たちと出会えたからだと思っています。

これまでにもたくさんの忘れられない出会いがありました。本文でも触れていますが、なかでも最初に私に物語の世界の、新しい扉をひらいてくれたのは吉田新一さんです。吉田先生の絵本や物語に対する知識と熱意のすごさは、お話を聴いているだけでビシバシ伝わってきて、子どもながらに圧倒されました。子どものころから、私の身のまわりには本好きな大人が多かった方だと思いますが、吉田先生の知識と熱量は、そのなかでも群を抜いていました。そして、自分が大人になるにつれて、豊富な知識を持ちながらも飽くなき探求心を保ち続けておられる姿勢に、ますます尊敬の念を抱くようになっていきました。吉田先生とお話しすると、ネガティブな意味ではなく「私って全然まだまだだな〜」と感じて、勝手に、自分が好きなもの、興味のあるものにもっと踏み込んでいってもよいと背中を押してもらえるような気持ちになれました。

吉田先生のご著書を読んだり、監修したものをご覧になれば、私が圧倒された知識の豊富さに触れていただけると思います。吉田先生の文章の端々から感じるユーモア、ウィットに富んだ解説からは、私のつたない文章では伝えきれない魅力が伝わるはずなので、興味を持った方はぜひ手にとってみてください。また、吉田先生の貴重な資料の数々は、軽井沢絵本の森美術館にある吉田新一文庫でご覧になれます。

＊

自分の好きなものの話をするのって楽しいことです……でも、私がそう思えるようになったのは、かなり大人になってからです。自己肯定感がさほど高くないうえに、自意識過剰なところのある私は、長い間、ほかの人と自分の好きなものの話をするのが、あまりうまくないという自覚がありました。思いが先走ってしまったり、自分の好きなものを否定されたくなくって予防線を張ったり……自分のなかだけに閉じ込めておくことの方が、心おきなく好きなものを大切にできるような気がしていました。

とくに、思春期は、「本や読書を楽しむということはひとりで完結できる極めて個人的な楽しみだ」と認識していたので、人と共有するよりも、私だけのものとして大切に囲っておきたいという気持ちが強くありました。その気持ちがこじれて、こんがらがって、いっときは本の世界から離れたいなと思ったこともありましたが、結局は離れることはできませんでした。

そんなふうにして、子どもの本の世界のまわりをふらふらしていたら、幸運にも、自分の好きなおはなしについて書くという機会をもらうことができました。これまでの2冊の本では、私にとって大切な友人のような存在である海外児童文学、幼年童話がテーマだったので、旧知の友を皆さんに紹介するような、誇らしくもちょっと照れくさいような気持ちがありましたが、とても楽しく書くことができました。また、本を読んでくださった人のなかで新たに本に興味を持ってくれた方がいたり、「好き」を共有してくれる方があらわれたことが、本当に嬉しかったです。

……そして、今回の本です。最初に決まっていたのは、吉田先生から教えていただいた本の楽しみ方を伝えようということでした。そこから派生していき、私自身がどのように本と過ごしてきたのかにも向き合うことになりました。個人的なものであるはずの「読書の楽しみ方」について、あれこれ語るのは野暮じゃないだろうか？　と悩みましたが、あくまでも一例として読んでいただければと思います。

＊

最後になりますが、ご相談にうかがった際に、久しぶりの再会だったのにもかかわらず暖かく出迎え、快諾してくださった吉田新一さん、侚子さん。対談を引き受けてくれ、力強く背中を押してくださった百々佑利子さん。本当にありがとうございました。微力ではありますが、吉田先生や百々先生から受けとったものを、途切れさせないで、繋いでいけるようになりたいとあらためて思っています。

そして、3冊目にして、これまでいちばんご迷惑をおかけした編集者の天野みかさん。最後まで並走してくださってありがとうございました。今回の本のために、ご協力いただいたみなさまにも心より感謝します。

2024年9月1日

越高綾乃

著者略歴

越高綾乃（こしたかあやの）
長野県松本市生まれ。児童書専門店「ちいさいおうち」の一人娘。大日本絵画、評論社営業部を経て、現在、ちいさいおうちにて広報を担当している。著書に『つぎに読むの、どれにしよ?——私の親愛なる海外児童文学』『絵本のつぎに、なに読もう?——幼年童話と過した日々』（以上、かもがわ出版）がある。

海外児童文学をめぐる冒険
——手渡していく「読書のよろこび」

2024 年 10 月 17 日　初版第 1 刷発行

著　者　越高綾乃

発行者　竹村正治

発行所　株式会社 かもがわ出版
〒 602-8119　京都市上京区堀川通出水西入
TEL 075-432-2868　FAX 075-432-2869
振替　01010-5-12436
https://www.kamogawa.co.jp

印刷所　シナノ書籍印刷株式会社

ISBN978-4-7803-1339-0　C0095　Printed in Japan

©Ayano Koshitaka 2024